이야기해줄까요

닥터 호르헤의 이야기 심리치료

이야기해줄까요

호르헤 부카이 지음 | 김지현 옮김

Let me tell you a story

천문장

차례

추천사

Dr. 훌리아 아타나소풀로

눈부시게 화창한 부에노스아이레스의 12월 어느 날, 나의 친구 호르헤를 만나러 갔다. 새삼스러운 일은 아니었다. 우리는 자주 점심을 같이 먹었다. 하지만 이번 점심은 그전과 달랐다. 작별을 고하는 만남이었기 때문이다.

한동안 스페인에 정기적으로 갈 일이 있었다. 그러다 그라나다라는 도시와 사랑에 빠졌다. 결국 나는 아르헨티나를 떠나 스페인 그라나다에서 살아보기로 결심했다. 그런 이유로 호르헤와 작별하게 된 것이다.

식사를 하고 이야기를 나눈 우리는 커피를 마셨다. 그리고 계속 이야기를 나누었다. 산책을 하고 아이스크림도 먹었다. 그런 다음에 조금 더 이야기를 나누었다. 그리고 조금 더 걸었다.

마침내 어둠이 찾아왔다. 우리는 서로를 꼭 끌어안으며 말했다.

"곧 보자."

그 후 2년, 그라나다에서 정신과 개업의로 안정을 찾아가던 즈음이었다. 어느 날 나는 호르헤에게 편지를 썼다. 문득 나와 함께 일하자고 청해야겠다는 생각이 들었기 때문이다. 지체 없이 답장이 날아왔다. 호들갑스러운 어조로 무조건 좋다는 내용이었다. 호르헤다웠다.

그때부터 1년에 두어 번씩 닥터 호르헤 부카이는 이곳으로 왔다. 나는 그와 함께 일하는 기쁨을 다시 누리게 되었다. 호르헤의 방문 진료 기간 동안 우리 환자들은 그를 알게 되었다. 그리고 나중에는 그의 책을 통해서도 호르헤를 알게 되었다.

나의 요청으로 호르헤가 자신이 쓴 책 《데미안을 위한 이야기 Recuentos para Demián》 몇 권을 여행 가방에 담아서 가지고 온 적이 있었다. 내 친구와 환자들은 집어삼킬 듯 허겁지겁 읽었다. 그리고 모두 자신의 친구에게 그 책을 빌려줬다. 그러면 그 친구는 다시 자신의 친구에게 그 책을 빌려주었다. 그렇게 해서 이 책을 어디서 어떻게 구했는지에 대한 이야기는 끝이 없게 되었다. 나는 호르헤에게 이곳 스페인에서도 그의 책을 출판해 달라고 부탁했다.

이런 과정을 통해서 그의 존재가 스페인에 알려지게 되었다. 그리고 그 뒤를 이어서 이 책은 유럽 전역과 미국, 그리고 아시아 각국의 다양한 언어로 번역되었다. 지금 여러분의 손에 쥐어진 책이 그것이다.

호르헤는 우화와 비유담, 이야기, 격언, 탁월한 은유를 정말 좋아

한다. 그는 직접 경험하지 못한 것을 제대로 이해할 수 있는 유일한 방법은 머릿속으로 구체적인 이미지를 그려보는 것이라고 말한다. "우화나 비유담, 이야기는 그 어떤 이론적 설명, 심리분석적 해석, 형식적인 접근 방식보다 백배는 더 잘 기억된다." 이것이 호르헤의 주장이다.

호르헤의 말과 그가 들려주는 이야기는 모두 유용하고 아름답다. 나는 그중에서도 '날개는 날기 위한 것이다'라는 이야기를 가장 좋아한다. 이 이야기 속에 등장하는 아버지는 말한다.

"날기 위해서는 날개를 펴기에 충분한 공간을 확보해야 한다. 하늘을 날기 위해서는 위험을 무릅쓰는 일부터 시작해야 한다."

호르헤는 그 공간을 어떻게 확보하고 만들어가야 하는지를 아는 사람이다. 그는 자신이 무릅써야 할 위험에 대한 책임을 기꺼이 진다. 게다가 그의 날개폭은 매우 크고 장엄하다.

평범하게 불만 많고 고집 센

이 땅의 모든 데미안에게

할아버지의 술버릇

데미안, 호르헤를 만나다

호르헤를 처음 만났을 때 나는 그가 일반적인 심리치료사가 아니라는 걸 직감했다. 그를 추천해준 클라우디아도 '그 뚱보는 특별한 사람'이라고 경고했었다.

당시 나는 일반적인 심리치료에 신물이 나 있었다. 수개월 동안 정신분석 전문의의 소파에 앉아 있는 일에 진저리가 났다. 그래서 호르헤의 진료실로 전화를 걸어 예약을 했다.

따스한 11월의 어느 날. (아르헨티나는 남반구에 있다는 사실을 기억해주기 바란다.) 나는 예약 시간 5분 전에 호르헤의 사무실 앞에 도착한 후 건물 입구에 서서 정확한 예약 시간이 되기를 기다렸다.

그리고 정확히 4시 30분이 되었을 때 건물 현관에서 초인종을 눌렀다. 잠시 후 삑 소리가 나더니 현관문이 열렸다. 나는 문을 밀고 안으로 들어가서 9층으로 올라갔다.

그리고 진료실 앞 복도에서 기다렸다.

기다리고……

기다리고……

또 기다렸다!

기다림에 지친 나는 결국 진료실 문에 달린 초인종을 눌렀다.

한 남자가 문을 열어 주었다. 언뜻 보면 주말에 애들이랑 소풍이라도 가려는 사람 같았다. 요란한 오렌지색 셔츠에 청바지, 납작한 스니커즈를 신고 있었다.

"안녕하세요." 그가 인사하며 미소를 지었다. 그 미소는 사람을 편안하게 해주는 종류의 것이라 인정하지 않을 수 없었다.

"안녕하세요. 데미안이라고 합니다."

"네, 그러실 거라 생각했어요. 그런데 올라오는 데 왜 이렇게 오래 걸렸어요? 길을 잃기라도 하셨나요?"

"아니요. 올라오는 데 문제는 없었습니다. 다만 여기 복도에서 초인종을 누르지 않고 기다렸을 뿐입니다. 혹시 다른 사람과 함께 계시면 방해가 될 것 같아서요."

"방해가 될 것 같아서?" 그는 걱정스러운 얼굴로 내 말을 그대로 따라 하고는 고개를 절레절레 저었다. 그런 다음에 마치 딱하다는 듯한 어조로 말했다. "그럼 계속…… 그러고 있었겠네요."

말문이 막혔다.

그가 말한 건 단 두 문장이었다. 그것도 사실만. 하지만 맞는 말을 하고 있음에도 불구하고 정말 싸가지 없이 들렸다!

호르헤가 환자를 보는 공간은 내 기준으로는 도무지 진료실이라 부를 수 없는 곳이었다. 그곳은 뚱뚱한 주인을 꼭 닮아 있었다. 비격식적이고 어수선하고 제멋대로지만 따스하고 다채롭고 놀라운 공간이었다. 겉치레나 가식적인 모습은 찾아볼 수가 없었다. 그리고 조금 지저분했다.

우리는 서로 마주보게 놓인 두 개의 안락의자에 앉았다. 내가 이야기를 시작하자 호르헤는 마테차가 든 둥근 통을 들어 한 모금 빨았다. 상담을 하는 내내 그는 은색 봄빌라 빨대로 차를 홀짝거렸다. 그리고 나에게도 권했다.

"그렇게 하시죠." 내가 대답했다.
"뭘 하라는 건지?" 호르헤가 물었다.
"좋다고요."
"이해가 안 되네요."
"권하신 걸 받겠다고요. 마테차를 마시겠다는 말입니다."
그러자 호르헤는 눈을 살짝 크게 떴다가 은근히 입꼬리를 올리고는 장난스럽게 허리를 굽혀 보이며 말했다. "마테차를 받아주시겠다니 크나큰 영광입니다. 하지만 제 권유를 받아주는 차원 말고 데미안이 정말 마시고 싶은지 아닌지를 말해주면 안 될까요?"

이 작자는 내가 이성을 잃고 성질을 내는 꼴을 보고 싶은 모양이다.

"네! 정말 마시고 싶습니다!"

그제야 뚱보 선생은 나에게 차를 건네주었다.
나는 조금 더 있어 보기로 마음먹었다.

호르헤와의 첫 상담에서는 내 많은 문제 중 대인 관계에 대한 것부터 꺼냈다. 사람들과의 관계에 어려움이 있으니 내게 뭔가 잘못된 점이 있는 게 분명하다고 말이다.

호르헤는 내가 문제라는 걸 어떻게 알게 되었느냐고 물었다.

나는 아버지와 어머니 그리고 애인과의 관계에서 어려움을 겪고 있다고 말했다. 그리고…… 문제의 원인이 내게 있는 게 분명하다고 했다.

그러자 호르헤는 대인관계에서 어려움을 겪는 게 나 때문이라고 섣불리 단정짓는 건 위험하다고 말했다. 잘못된 판단은 잘못된 조치로 이어질뿐이라고 했다. 그러고 나서 대뜸 내게 '이야기'를 하나 들려주었다. 나중에 알고 보니 그를 찾아온 모든 사람들에게 가장 먼저 들려주는 이야기였다. 이 이야기가 정말 호르헤의 이야기인지 아니면 꾸며낸 이야기인지는 지금도 모르겠다.

호르헤의 할아버지는 주정뱅이였다.

가장 좋아하는 술은 아니스 열매로 만든 터키 술이었다. 할아버지는 자주 그 술을 마시고 취했다.

그런데 할아버지는 터키 술을 마시고 나면 꼭 물을 마셨다. 희석 효과를 기대하면서. 하지만 별반 차이가 없었다. 똑같이 취했다.

그러자 이번에는 위스키에 물을 타서 마셨다. 그 술에도 할아버지는 똑같이 취했다.

그리고 와인에도 물을 타서 마셨다. 그 와인에도 똑같이 취했다.

그러던 어느 날 할아버지는 자신의 상습적인 음주 문제에 특단의 조치가 필요하다고 생각했다.

결국 할아버지는 끊고야 말았다. …… 물 섞어 마시기를!

02

사슬에 묶인 코끼리
원래 못하는 일

"못하겠어요." 내가 말했다. "난 못해요."

"확실해요?" 호르헤가 물었다.

"네. 그녀에게 내가 어떤 감정을 갖고 있는지 정말 말하고 싶어요. 하지만 나는 그런 일은 하지 못하는 놈이에요. 내가 알아요."

나의 뚱보 선생은 부처처럼 가부좌를 틀고 진료실에 놓인 끔찍한 파란색 팔걸이의자 위에 앉아 있었다. 그가 미소를 지으면서 내 두 눈을 정면으로 응시했다. 그러고는 목소리를 한껏 낮추어 말했다. 내가 주의를 기울여 듣기를 원할 때면 으레 그렇게 했다.

"내가 이야기 하나 해줄까요?"

내가 그러마고 고개를 끄덕이기도 전에 호르헤는 벌써 이야기보따리를 풀고 있었다.

어렸을 때 호르헤는 서커스를 무척 좋아했다. 서커스 중에서도 동물 쇼가 가장 좋았다. 특히 코끼리는 호르헤의 마음을 완전히 빼앗아버렸다. 쇼를 하는 동안 그 커다란 짐승은 엄청난 크기와 육중함 그리고 힘을 과시했다. 하지만 쇼가 끝난 후에는 어김없이 쇠사슬을 한쪽 발목에 차고 땅에 박아놓은 작은 말뚝에 매이고 말았다. 다음 무대에 오르기 전까지는 늘 그러고 있는 것 같았다.

그런데 코끼리가 그 말뚝에서 벗어나지 못하는 건 이상한 일이었다. 그 말뚝은 아주 작은 나무 조각에 불과한데다 10센티미터 정도 땅에 박혀 있을 뿐이었다. 나무 한 그루를 뿌리째 뽑아낼 정도로 힘센 코끼리가 말뚝에서 벗어나 도망가는 건 간단한 일이었다.

호르헤는 정말이지 알 수가 없었다.

무엇 때문에 코끼리는 말뚝에서 벗어나지 못하는 거지?

코끼리는 왜 도망치지 않을까?

어린 호르헤는 여전히 어른들은 지혜롭다는 믿음을 가지고 있었다. 그래서 선생님이나 부모님 또는 친척 어른들에게 코끼리의 수수께끼를 풀어달라고 청했다. 그중에 한 분이 코끼리는 도망가지 못하도록 훈련이 되어 있다고 말해주었다.

그러자 호르헤는 당연히 그 뒤를 이어 물어야 할 질문을 했다.

"훈련이 되어 있다면 굳이 쇠사슬로 묶어놓을 필요도 없는 거 아닌가요?"

그 질문에 대한 논리 정연한 답변을 들었는지는 기억이 나지 않는다. 여하튼 그 후 호르헤는 코끼리와 말뚝에 관한 걸 잊고 살았다.

다만 같은 걸 궁금해하는 다른 사람을 만났을 때만 다시 그 생각을 하게 되었다.

그런데 몇 년 전에 다행스럽게도 그 문제에 대한 답을 해줄 지혜로운 사람을 만났다.

"서커스 코끼리가 도망가지 않는 건 아주 어렸을 때부터 지금과 똑같은 방식으로 말뚝에 묶여 있었기 때문입니다."

호르헤는 두 눈을 감고 머릿속에 그려 보았다. 갓 태어나 의지할 곳 없이 불안해하는 아기 코끼리가 커다란 쇠사슬로 말뚝에 묶여 있는 모습을. 어린 코끼리는 온 힘을 다해 결박을 풀려고 애를 썼을 것이다. 하지만 모든 노력에도 불구하고 벗어나지 못했을 것이다. 그때 그 말뚝은 어린 코끼리가 감당하기에는 너무 견고했을 테니까.

기운을 모두 소진한 아기 코끼리는 지쳐 잠이 들었다. 다음 날 눈을 뜬 코끼리는 다시 한 번 탈출을 시도했다. 온 힘을 다해 발버둥을 쳤다. 쇠사슬을 당기고, 말뚝을 밀고, 온몸이 상하도록 애를 썼다. 그리고 그 다음날에도 그 다음날에도 노력을 이어갔다. 그러던 어느 날, 그 어린 코끼리의 일생에서 가장 끔찍한 운명의 날이 찾아왔다. 자신의 무력함을 받아들이고 운명에 순응하기로 마음을 정한 것이다.

지금 우리가 서커스에서 만나게 되는 거대하고 강력한 코끼리는 도망치지 않는다. 그런 일을 할 수 없다고 믿기 때문이다. 아기였을 때 느낀 무력감이 커다란 코끼리가 된 지금도 각인되어 있는 것이다.

코끼리는 그 후로 자신의 힘을 시험해볼 생각조차 해보지 못한 것이다.

"데미안, 우리는 누구나 조금씩은 서커스 코끼리와 닮아 있어요. 우리의 자유를 박탈하는 조그만 말뚝 수백 개에 묶여 세상을 살아가고 있는 거죠. 엄청나게 많은 일을 '할 수 없다'고 생각하면서 살아가요. 아주 오래 전에, 그러니까 우리가 어린아이였을 때 해봤다가 성공하지 못했다는 이유만으로. 마치 코끼리처럼 '나는 못 해. 나는 못하는 놈이란 걸 알고 있어. 나는 앞으로도 절대 못할 거야.'라는 메시지를 자신에게 각인시킨 거죠.

우리가 스스로 부여한 메시지에 짓눌린 채로 어른이 되어버린 겁니다. 그래서 우리는 그 말뚝에서 벗어나 자유를 얻으려는 시도조차 하지 않죠. 때로 나를 속박하는 빗장이 느껴지고 쇠사슬이 덜거덕거리면 작은 말뚝을 바라보면서 생각하는 거예요. 나는 할 수 없어. 앞으로도 절대 할 수 없을 거야."

호르헤는 한참 동안 말을 멈추고 가만히 있었다. 그러다가 내 앞으로 다가와 바닥에 앉은 다음 말을 계속 이어나갔다.

"데미안도 지금 그런 일을 겪고 있는 거예요. 지금은 존재하지 않는 이전의 데미안에 대한 기억만을 가지고, 현재의 삶을 길들이며 살고 있는 거죠. 할 수 있을지 없을지 여부를 알아보는 유일한 방법은 다시 시도해보는 겁니다. 온 마음과 정성을 다해 시도해보세요. 온 마음과 정성을 다해!"

부메랑 벽돌

나한테 화가 나서 견딜 수가 없어

하루는 무척 화가 났다. 기분이 정말 나빴다. 모든 일이 신경에 거슬렸다. 호르헤와 상담을 하는 동안에도 나는 호전적인 태도를 유지했다. 그곳에서 내가 하고 있는 일이 혐오스러웠다. 내 삶의 모든 것이 혐오스러웠다. 하지만 무엇보다도 나에게 화가 났다.

"나는 진짜 멍청한 놈이에요." 호르헤에게 말하고 있었지만 사실은 나 자신에게 하는 말이었다. "천치, 바보예요. 내 자신이 너무 싫어요."

"그렇다면 이 방에 있는 사람 중 절반이 데미안을 싫어하네요. 나머지 절반의 이야기도 한번 들어볼래요?"

옛날 옛날에 손에 항상 벽돌 하나를 들고 다니는 남자가 살았다. 그는 자신을 화나게 하는 사람이 있으면 그 벽돌로 머리를 때려주기로 마음먹고 있었다. 난폭한 방법이지만 효과적일 것 같았다.

그런데 어느 날 허풍 떠는 걸 좋아하는 오만한 사람이 나타나서 남자를 깔보는 말을 했다. 늘 생각했던 일을 드디어 실행에 옮기게 된 남자는 벽돌을 들어서 그를 향해 던졌다.

상대가 벽돌에 맞았는지 아닌지는 잘 모르겠다. 하지만 그 일이 있은 후 남자는 자신이 벽돌을 회수하러 가는 수고를 해야만 한다는 사실을 깨달았다. 영 성가신 일이었다. 그래서 남자는 스스로 이름 붙인 '자기 보호 시스템'이라는 것을 개선하기로 했다. 벽돌에 1미터 길이의 노끈을 묶었다. 이제는 벽돌이 너무 멀리 날아가는 일은 없을 것이다. 하지만 곧 이 방법에도 문제가 있다는 사실을 알게 되었다. 일단 남자의 적개심이 향하는 최종 목표가 1미터 이내에 있어야 하는 제약이 생겼다.

그래서 남자는 '자기 보호 시스템'을 다시 수정했다. 이번에는 노끈 대신 두툼한 고무줄을 묶었다. 그러면 사정거리도 늘어나고, 던진 벽돌이 고무의 반동 때문에 제자리로 돌아오게 될 거라고 생각했다.

밖으로 나간 남자는 자신에게 공격적으로 구는 사람을 만나자 힘껏 벽돌을 던졌다. 하지만 조준을 잘못하는 바람에 표적으로 삼았던 사람은 벽돌에 맞지 않았다. 그래도 고무줄은 자기 임무를 다했다. 벽돌이 부메랑처럼 돌아와서 남자의 머리를 세게 친 것이다.

남자는 화가 치밀어서 되돌아온 벽돌을 다시 던졌다. 하지만 다시 자기 머리에 일격을 가하고 말았다. 이번에는 거리를 잘못 계산한

게 문제였다.

세 번째로 시도했지만 이번에는 타이밍을 맞추지 못해서 실패하고 말았다.

네 번째로 벽돌을 던질 때는 이상한 일이 벌어졌다. 벽돌을 던져 맞추려고 했던 그 사람을 어쩐지 공격으로부터 지켜주고 싶다는 생각이 불쑥 들었던 것이다. 멈칫하는 사이 벽돌은 허공을 찍고 되돌아와서 남자의 머리를 다시 한 번 세게 쳤다.

연속된 충격으로 남자는 정신이 혼미해져 결국 쓰러지고 말았다.

벽돌로 상대의 머리를 제대로 맞추지 못한 이유가 자신의 정신에 문제가 있어서였는지, 아니면 다른 이유 때문인지 도무지 알 수가 없었다.

하지만 분명한 건 벽돌을 던질 때마다 머리를 맞은 사람은 남자 자신이었다는 사실이다.

"이런 특별한 방어 기제를 심리학 용어로 반전retroflection이라고 해요. 한마디로 정의하면, 자신의 공격성에서 다른 사람을 보호하려는 성향을 말합니다. 공격성을 발휘하려고 할 때마다 일종의 장벽이 우리의 호전적이고 적대적인 에너지를 막아서 상대방에게 닿지 못하게 하는 거예요. 그런데 장벽을 만든 것은 다름 아닌 우리 자신이죠.

게다가 이 장벽은 공격의 여파를 흡수하지 못하고 반사해서 튕겨

냅니다. 그 모든 분노와 우울함, 공격성이 자신을 향하게 되고 결국에는 자기 파괴적인 행동을 하게 되는 거죠. 이런 행동의 예로는 자해나 폭식, 마약이 있어요. 또 그런 에너지를 감추려고 애를 쓰다 겪게 되는 우울증과 죄의식도 있죠.

만약 진짜로 해탈한 사람이 있다면, 그러니까 명료한 정신과 안정적인 정서를 지닌 유토피아적 인간이 실제로 존재한다면 그런 사람은 절대로 화를 내지 않겠죠. 아예 화가 나지 않도록 자신을 제어할 수 있다면 정말 좋을 거예요. 하지만 현실은 그렇지 않잖아요.

일단 분노나 노여움을 느끼거나 흥분하게 되면 그런 감정에서 벗어날 수 있는 유일한 방법은 어떻게든 감정을 겉으로 표출하는 겁니다. 그렇게 하지 않으면 결국 우리는 자기 자신에게 화를 내게 되고 맙니다. 그 외에 다른 길이 없으니까요."

반지의 진정한 가치
열등감에 시달리던 젊은이

우리는 다른 사람에게 존중받고 존경받아야 자신의 자존감을 키울 수 있다. 하지만 당시 나는 모든 것이 부족하다고 느꼈다. 부모님은 나를 믿어주지 않았고, 친구들은 나에게 관심이 없고, 직장 상사도 내가 한 일을 제대로 인정해주지 않았다.

"오래된 이야기가 하나 있는데."

뚱보 선생이 나에게 마테차를 건네주면서 운을 떼었다. 이야기를 들을 마음의 준비가 되었다.

"도움을 받기 위해 나이 많은 현자를 찾아 나선 젊은이에 관한 이야기예요. 지금 데미안의 말을 들으니 그 젊은이가 생각나네."

"선생님, 저는 매사에 서툴고 똑똑하지도 못합니다. 그래서인지 뭘 하고자 하는 마음이 통 생기지가 않습니다. 사람들은 제가 쓸모없는 놈이라고 말합니다. 뭐 하나 제대로 하지 못할 놈이라고요. 선생님, 어떻게 하면 제가 더 나은 사람이 될 수 있을까요? 사람들이 저를 더 가치 있는 사람으로 여기게 하려면 무얼 해야 할까요?"

현자는 얼굴도 들지 않고 말했다.

"미안하네만, 나는 도와줄 수가 없네. 내 코가 석자라서 말이지."

그런 다음에 잠시 말을 멈추었다가 덧붙여 말했다.

"자네가 손을 좀 빌려주면 내 문제를 더 빨리 해결할 수도 있을 것 같은데. 그러면 나도 자네를 도와줄 수 있겠지."

"저는…… 기꺼이 그렇게 하겠습니다, 선생님."

젊은이는 순순히 현자의 말을 받아들였다. 평생 사람들에게 무시당해온 젊은이는 언제나 자신의 욕구나 필요를 우선순위로 놓지 않았다.

"좋네."

현자는 왼손 새끼손가락에 끼고 있던 반지를 빼서 젊은이에게 건네면서 말했다.

"밖에 있는 말을 타고 시장으로 가게. 내가 이 반지를 팔아야만 하거든. 그 돈으로 빚을 갚아야 한다네. 그러니 최대한 높은 가격으로 팔아주게. 금화 한 닢 아래로는 절대 팔아서는 안 되네. 그럼 어서 가게. 최대한 빨리 돈을 갖고 돌아와 주게."

젊은이는 반지를 가지고 길을 떠났다. 시장에 도착하자마자 여러 상인들을 찾아가 반지를 팔겠다고 말했다. 상인들은 반지를 보고 흥미를 보였지만 어디까지나 젊은이가 가격을 부르기 전까지였다. 젊은이가 금화 이야기를 꺼내자 몇몇 상인들은 웃음을 터트렸고 다른 상인들은 그대로 외면하고 가버렸다. 한 노인만이 금화 한 닢을 주고 그 반지를 살 사람은 없을 거라고 친절하게 설명해주었다. 젊은이에게 도움을 주려는 마음에서 은화 한 닢과 동화 한 항아리를 주겠다고 나선 사람도 있었다. 하지만 젊은이는 금화 한 닢 아래로는 절대 팔면 안 된다는 현자의 이야기를 기억하고 그 제안을 거절했다.

시장에서 만난 거의 모든 사람에게, 족히 백 명 넘는 사람들에게 반지를 내밀어 본 후에야 젊은이는 말에 올라타고 자신의 실패에 낙담하며 돌아갔다.

젊은이는 정말로 현자에게 금화 한 닢을 가져다주고 싶었다. 현자가 빚 문제를 해결하고 자신에게 필요한 조언과 도움을 주기를 간절히 바랐다!

젊은이는 현자의 방 안으로 걸어 들어갔다.

"선생님, 죄송합니다. 부탁하신 일을 해낼 수가 없었습니다. 은화 한 닢 정도면 몰라도, 저 반지의 실제 가치 이상으로 돈을 받아낼 수는 없었습니다."

"젊은 친구, 방금 매우 중요한 이야기를 했네."

현자는 미소 지으며 말했다.

"이 반지의 실제 가치를 정확하게 알아봐야겠군. 이번엔 말을 타고 보석상을 찾아가 보게. 그보다 더 이 일을 잘할 수 있는 사람이 누가 있겠나? 보석상에 가서 반지를 팔고 싶은데 얼마나 쳐줄 수 있냐고 물어보게. 하지만 그가 뭐라고 말하든지 절대로 반지를 팔지는 말게. 내 반지를 가지고 다시 이곳으로 돌아와 주게."

그래서 젊은이는 다시 한 번 길을 나섰다.

보석상은 젊은이에게 받은 반지를 만져보더니 천천히 불에 비춰보았다. 반지의 구석구석을 돋보기로 세심하게 살펴보고 무게까지 달아보고 난 다음 말했다.

"젊은이, 자네의 스승에게 말씀드리게. 이 반지를 지금 당장 팔고 싶다면 금화 58닢 이상은 쳐줄 수 없다고 말일세."

"금화 58닢이요!" 젊은이는 소리를 질렀다.

"그렇다네. 조금 더 기다릴 수 있다면 70닢까지도 쳐줄 수 있네. 하지만 당장 팔아야 할 정도로 급하다면……."

젊은이는 잔뜩 신이 나서 현자의 집으로 돌아가 어떤 일이 있었는지 말했다.

"앉게." 젊은이의 설명을 들은 현자가 말했다.

"자네도 이 반지와 같네. 독특하고 가치 있는 보석이지. 진짜 전문가만이 자네의 가치를 알아볼 수 있다네. 그런데 왜 자네는 모든 사람들이 자네의 가치를 알아볼 수 있을 거라고 생각하는 건가?"

말을 마친 현자는 왼손 새끼손가락에 문제의 반지를 다시 끼웠다.

조울증을 앓는 왕
냉탕과 온탕을 오가던 날

이야기를 시작하자마자 내가 정신없이 질주하고 있다는 걸 깨달았다. 1분에 1킬로미터씩 달리는 것 같았다. 나는 희열에 가득 차서 그 주에 했던 모든 일을 호르헤에게 설명하고 있었다.

가끔 이럴 때가 있었다. 내가 천하무적이라 느껴지고, 의기양양하며, 삶에 대한 사랑이 넘쳤다. 나는 뚱보 선생에게 앞으로의 계획을 들려주었다. 활기가 차오르다 못해 넘쳐흐르는 것 같았다.

뚱보 선생은 그런 나에게 전염된 듯이 행복하게 웃었다.

늘 그랬듯이 그가 내 감정에 공감해주는 것 같았다. 호르헤는 내 기분이 어떻든 늘 함께 느껴주었다. 그래서 호르헤와 기쁨을 나누는 일은 또 다른 행복의 이유가 되었다. 모든 일들이 잘 되어갔고 근사한 아이디어가 계속 떠올랐다. 나에게 두 번의 생애가 주어진다고 해도 이 모든 계획을 다 실행하기에는 부족할 것 같았다.

"내가 이야기 하나 해줘도 될까요?" 호르헤가 말했다.

솔직히 나는 말을 멈추는 게 무척 힘들었다. 하지만 간신히 입을 다물고 호르헤의 말에 귀를 기울였다.

옛날 옛날에 어느 왕국을 다스리는 매우 강력한 왕이 있었다. 그는 좋은 왕이었다. 하지만 한 가지 문제가 있었다. 그는 전혀 상반된 인격 둘을 가지고 있었던 것이다.

왕은 어떤 날에는 자신감 넘치고 기쁨에 찬 유쾌한 사람이 되었다. 그런 날에는 아침 일찍부터 놀라운 일들이 일어났다. 궁 안의 뜰은 평소보다 더 아름다웠고 신하들도 능률적으로 일을 더 잘했다. 그의 백성들도 더 친절한 사람이 되었다. 아침 식사를 하면서 왕은 자신의 왕국이 세상에서 제일 좋은 곡식과 과일을 생산해내고 있노라고 확신했다.

이럴 때 왕은 세금을 낮추고 왕실의 재산을 백성들에게 나눠주었다. 또 노인들의 복지와 평화를 위한 법률을 제정하기도 했다. 이때 왕은 신하들과 백성들의 모든 요청을 들어주었다.

하지만 영 딴판인 날도 있었다.

그런 날은 세상이 암흑이었다. 아침 이른 시간에 눈을 뜬 왕은 조금 더 자고 싶다고 생각했지만 이미 시간을 놓쳐서 다시 잠들 수가 없었다.

왕이 아무리 노력해도 신하들은 기분이 좋지 않았고 왕을 제대로 섬기지 못했다. 태양은 비보다 더 왕을 짜증나게 했다. 음식은 충분히 데워지지 않았고, 커피는 쓰기만 했다. 왕궁에 손님을 맞이하는 건 생각만 해도 머리가 아픈 일이었다.

그런 날이면 왕은 자신이 다른 시기에 했던 약속들을 어떻게 지킬지 겁을 내고 걱정했다. 그래서 세금을 인상하고 땅을 압류하고 반대 의견을 내는 사람들을 감옥에 가두었다. 왕의 입에서 가장 흔하게 나오는 말은 '안 돼!'였다.

이때 왕은 사람들을 힘들게 하는 법을 제정했다. 또한 현재와 미래를 모두 걱정하고 과거의 실수를 떠올리며 괴로워했다.

이렇게 자신의 기분이 극단적으로 바뀌는 게 문제라는 사실을 깨달은 왕은 나라의 모든 현자와 마법사, 보좌관을 불러 모아 회의를 했다.

"모두들 내 감정 기복이 심해서 널뛰듯 변한다는 걸 잘 알고 있을 것이오. 누구나 내가 기분 좋을 때 덕을 본 적도 있을 것이고 내가 화를 낼 때 괴로움을 겪은 적도 있을 것이오. 하지만 가장 괴로운 사람은 바로 나요. 매일 나는 이전에 내가 했던 일들을 다시 뒤집는 걸 반복해야만 하오.

여러분, 모두 힘을 합해서 나를 위한 치료법을 찾아주시오. 주문을 걸거나 약을 만들거나 뭐든 좋으니. 갑자기 극단적인 낙관론자가 되어서 어떤 위험이 있는지도 모르고 날뛰거나 갑자기 극단적인 비관론자가 되어서 사랑하는 사람들을 다치게 하거나 억압하는 일이 없도록 해주시오."

현자들은 왕이 제시한 과제를 받아들고 몇 주에 걸쳐서 연구했다. 하지만 그 어떤 마력이나 주문, 마법의 약초도 해법이 되지 못했다. 그래서 결국 왕 앞에 나서서 실패했다고 솔직하게 말했다.

그날 밤 왕은 좌절감에 흐느껴 울었다.

다음 날 아침 웬 낯선 사람이 찾아와 왕을 알현하기를 청했다. 검은 피부에 한때 하얀색이었던 것으로 보이는 낡은 튜닉을 입은 이상한 사람이었다.

"전하." 남자는 왕 앞에 무릎 꿇고 고개를 숙인 채로 말했다. "저는 폐하의 슬픔과 비통함에 대한 이야기를 듣고 해결책을 드리려 이렇게 찾아왔습니다."

남자는 고개를 조아린 채 왕에게 작은 가죽 상자를 내밀었다.

왕은 의심스럽기도 했지만 한편으로는 기대를 갖고 상자를 받아 열어보았다. 안에는 보석 하나 없이 소박한 은반지 하나가 들어 있었다.

"고맙소." 왕은 의문과 희망이 뒤섞인 말투로 물었다. "이건……마법의 반지요?"

"그렇습니다." 나그네가 대답했다.

"하지만 제가 말씀드리는 대로 사용하셔야만 효험을 보실 수 있습니다. 매일 아침 잠자리에서 일어나시자마자 반지에 적힌 글귀를 읽으시고 매일 손에 끼고 다니셔야 합니다. 그리고 언제든 반지를 볼 때마다 그 글귀를 기억하셔야만 합니다."

왕은 반지를 집어 들고 새겨진 글을 소리 내어 읽었다.

"기억하라. 이 또한 지나갈 것이다."

크림 속 개구리
시간 낭비

시험 기간이었다. 이전에 시험을 두 번 치렀지만, 일주일이 가기 전에 시험 한 번을 더 쳐야 했고 공부할 것은 너무 많이 남은 상태였다.

"이번 학기엔 통과하지 못할 거예요." 나는 호르헤에게 말했다. "가망이 없는 일에 애를 쓸 필요는 없겠죠? 일주일 내내 해봤자 안 될 거예요. 지금 내가 할 수 있는 최선은 그나마 내가 알고 있는 거라도 제대로 써내는 거예요. 그러면 일주일이나 헛공부하느라 시간 낭비하진 않을 테니 다행인 거죠."

"두 마리 개구리 이야기를 알고 있나요?" 뚱보 선생이 물었다.

옛날 옛날에 개구리 두 마리가 있었다. 어느 날 두 개구리는 실수로 크림이 가득 담긴 통에 빠지고 말았다.

그들은 대번에 자신들이 가라앉고 있음을 알아차렸다. 농도가 짙고 진득한 액체는 발버둥칠수록 더 빠져드는 늪과 같았다. 처음에는 두 마리 모두 크림 속에서 발길질을 하면서 통의 가장자리로 가려고 애를 썼다. 하지만 소용이 없었다. 조금도 나아가지 못하고 같은 장소에서 첨벙거릴 뿐이었다. 게다가 조금씩 가라앉고 있었다. 시간이 지날수록 표면에 떠서 숨을 쉬는 게 힘들어졌다.

개구리 한 마리가 말했다.

"더는 못하겠어. 여기서 벗어날 방법이 없어. 어찌해도 죽을 거라면 괴로움과 고통을 더 연장시킬 필요가 없을 것 같아. 쓸모없는 고생을 하면서 진을 다 빼고 죽을 필요가 뭐 있겠어?"

그 말과 함께 개구리는 발차기를 멈췄고 몸이 빠르게 가라앉기 시작했다. 하얗고 진득한 액체는 금방 개구리를 꿀꺽 삼켜버렸다.

나머지 한 마리는 끈기가 더 강했는지 아니면 좀 더 고집스러운 성격이었는지 모르겠지만 이렇게 말했다.

"빠져나갈 도리가 없네! 여기서 나가는 건 불가능해. 하지만 마지막 숨이 붙어 있을 때까지 나는 발버둥칠 거야. 내 명이 다하는 그 순간까지 나는 살아 있고 싶어."

개구리는 계속 발길질을 하고 텀벙거리면서 같은 장소를 맴돌았다. 단 1센티미터도 앞으로 나아가지 못하고 그렇게 몇 시간이 흘렀다.

그런데 어느 순간 변화가 느껴졌다. 개구리를 둘러싼 크림이 버터로 변해 있었다. 한참을 발버둥 치며 다리를 퍼덕인 덕분이었다.

놀란 개구리는 어렵사리 몸을 빼내 표면으로 올라올 수 있었다. 미끄덩거렸지만 조심조심 통의 가장자리까지 갔다. 휴~ 놀란 가슴을 쓸어내린 개구리는 폴짝 뛰어 통 밖으로 나와 집으로 돌아갈 수 있었다. 행복한 개골개골 소리를 내면서.

죽었다고 생각한 남자
끝날 때까진 끝난 게 아니다

두 마리의 개구리 이야기는 나를 생각에 잠기게 했다.

"알마푸에르테의 시가 생각나네요. 패배했을 때도 패배를 인정하지 마라."

"어쩌면." 호르헤가 대꾸했다.

"하지만 이 경우에는 '패배하기 전까지는 패배를 인정하지 마라.'는 말이 더 어울리는 것 같은데. 아니면 '끝날 때까진 끝난 게 아니다.'도 괜찮을 것 같고. 왜냐면 말이지……."

그 말과 함께 호르헤는 또 다른 이야기를 들려주었다.

옛날 옛날에 병에 걸릴까봐 심하게 걱정하는 한 남자가 있었다. 그는 무엇보다도 자신이 죽는 걸 가장 두려워했다.

급기야 하루는 제정신으로는 할 수 없는 생각을 하게 되었다. 문득 자신이 이미 죽은 것이 아닌가 하는 의심이 든 것이다. 남자는 아내에게 달려가 물었다.

"여보, 내가 죽은 건 아닐까? 어떻게 생각해?"

아내는 크게 웃고 나서 남편의 두 손과 발을 만지면서 말했다.

"모르겠어요? 손발이 따뜻하잖아요! 이건 당신이 살아 있다는 뜻이에요. 죽은 사람이라면 손과 발이 얼음처럼 차가울 테니까요."

아내의 말은 꽤 납득이 되었다. 남자는 겨우 마음을 진정시킬 수 있었다.

그로부터 몇 주가 흐른 어느 날, 눈이 내리기 시작했다. 남자는 땔 나무를 하러 숲속으로 들어갔다. 숲에 도착한 남자는 장갑을 벗고 도끼로 나무 둥치를 잘라내기 시작했다. 아무 생각 없이 한 손을 들어서 이마를 훔치던 남자는 문득 자신의 손이 차갑다는 사실을 깨달았다. 아내의 말을 떠올린 남자는 신발과 양말을 벗고 자신의 발 역시 얼음처럼 차갑다는 사실을 확인했다. 덜컥 겁이 났다. 그 때부터 남자는 의심의 여지없이 자신이 죽었다고 생각했다.

"죽은 사람이 여기서 장작을 패봐야 무슨 소용이야."

남자는 혼잣말을 했다. 그리고 도끼를 자신이 끌고 온 노새 옆에 떨구어 놓고 꽁꽁 얼은 땅바닥에 조용히 누워서 두 손을 가슴 앞에 모은 채로 두 눈을 감았다.

잠시 그렇게 누워 있는데 한 무리의 늑대가 점심밥이 든 가죽주머니 쪽으로 다가왔다. 접근을 막는 이가 아무도 없었기 때문에 늑대들은 거침없이 주머니를 찢어버리고 먹을 수 있는 건 모조리 먹어 치웠다. 남자는 생각했다.

'내가 죽은 게 늑대들한테는 잘된 일이네. 그렇지 않았다면 저렇게 못했을 거 아니야. 살아 있었다면 발길질을 제대로 해서 모두 쫓아 냈을 텐데 말이지.'

늑대 무리는 주변의 냄새를 맡으면서 계속 배회하다가 나무에 묶여 있는 노새를 발견했다. 늑대의 날카로운 이빨이라면 순식간에 해치울 수 있는 먹잇감이었다. 노새는 껑충 뛰며 반항하고 울음소리를 냈지만 남자는 가만히 누워 있었다. 속으로 자신이 살아 있었더라면 노새를 지켜줄 텐데 하고 안타까워했을 뿐이다.

잠시 후 늑대들은 불쌍한 노새를 모두 먹어 치웠다. 그리고 노새의 뼈다귀까지 갉아먹었다.

하지만 만족하지 못한 늑대 무리는 주변을 계속 배회했다.

머지않아 무리 중 한 마리가 남자의 냄새를 맡았다. 늑대는 땅바닥에 미동도 없이 누워 있는 나무꾼을 쳐다보았다. 그리고 매우 천천히 그쪽으로 다가왔다. 인간은 꾀가 많은 위험한 동물이었기 때문에 경계를 늦추지 않고 신중하게 움직였다. 잠시 후 모든 늑대가 남자를 둘러싸고 서서 군침을 흘리면서 내려다보고 있었다.

'이제 저 늑대들이 나를 먹으려는 모양이군.' 남자는 생각했다.

'내가 죽지만 않았다면 이야기가 전혀 다르게 풀렸을 텐데.'

늑대들이 가까이 다가왔다. 그리고 남자가 꼼짝도 하지 않는 것을 확인하고는…… 산 채로 먹어버렸다.

사창가 문지기

내가 해야만 하는 일?

대학 과정을 반쯤 마쳐가던 나는 어느 순간 대학생활 자체에 대해 회의를 느끼기 시작했다. 학교에서 내가 하고 있는 모든 것들에 의문이 들었다. 그 문제에 관해 뚱보 선생과 이야기를 나누었다. 그러고 나서 나를 힘들게 하는 것도 나이고, 학교를 그만두지 못하도록 하는 것도 나 자신이라는 사실을 깨달았다.

"그게 문제예요." 뚱보 선생이 말했다. "학위를 꼭 따야 한다고 생각하는 한 데미안은 대학을 계속 다녀야 해요. 아주 조금의 즐거움도 찾을 수 없는데 말이죠. 그렇게 어떤 즐거움도 찾을 수 없는 걸 반드시 해야 한다고 생각하니 점점 스스로도 혼란스러워지는 거예요."

호르헤는 평소에 '노력'이라는 것을 별로 믿지 않는다는 말을 자주 했다. 그는 노력한다고 늘 좋은 일이 생기는 건 아니라고 했다. 그래도 이번 경우에는 그의 말이 틀렸다고 생각했다. '예외 없는 규칙은 없다'는 말에 나오는 그 예외가 이 경우라고 생각했기 때문이다.

"그냥 중퇴할 수는 없어요." 나는 말했다. "대학 졸업장 없이 세상에서 뭘 할 수 있겠어요? 학위는 일종의 보험 같은 측면이 있어요."

"그럴 수도 있겠죠." 뚱보 선생은 말했다. "《탈무드》라는 책이 있는데, 알아요?"

"네."

"그렇군요.《탈무드》에 한 평범한 사람에 대한 이야기가 나오거든요. 이 남자는 사창가에서 문지기로 일하고 있었어요."

그 마을에서 가장 눈총을 많이 받고 가장 형편없는 보수를 받는 사람은 사창가의 문지기였다. 하지만 사창가의 문지기에게는 다른 선택의 여지가 없었다. 다른 일은 할 줄 몰랐다.

그는 읽고 쓰기를 배운 적이 없었다. 다른 기술이 있거나 특별한 재능이 있는 것도 아니었다. 이 일을 하게 된 것은 그의 아버지가 사창가의 문지기로 일했기 때문이다. 아버지의 아버지 역시 같은 일을 했다. 수십 년 동안 사창가는 아버지에서 아들로 대물림해서 전해졌고, 문지기 일 역시 대물림으로 이어졌다.

그러던 어느 날, 나이 많은 사창가 주인이 죽고 야심만만한 한 젊은이가 사창가를 인수했다. 이 젊은이는 나름의 기업가 정신을 가지고 자기 비즈니스를 현대화하고자 마음먹었다. 그는 사창가의 객실을 개조하고 모든 직원들을 모아서 새로운 업무 지시를 내렸다. 문지기에게는 이렇게 말했다.

"오늘부터 문 앞에 서 있지만 말고 주간 보고서를 준비해주세요. 보고서에는 이곳을 방문하는 고객 수를 일자별로 적어 놓아야 합니다. 그리고 손님에게 우리 서비스의 만족도를 물어보고 뭔가 달라졌으면 하는 게 있는지 알아봐야 합니다. 일주일에 한 번씩 그 보고서를 제게 제출하세요. 관련한 자신의 생각도 같이 기재해주면 좋겠네요."

문지기는 몸을 덜덜 떨었다. 한 번도 일을 피하거나 잔꾀를 부린 적이 없는 사람이었다. 하지만 보고서라니…….

"사장님, 시키시는 일은 무엇이든 할 생각입니다." 문지기는 웅얼거리듯 말했다. "하지만…… 저는 읽고 쓰는 법을 알지 못합니다."

"이런! 유감이네요. 음, 생각해보면 알겠지만 이 일을 위해 추가적인 인력을 고용해서 보수를 지급할 수는 없는 상황입니다. 그렇다고 읽고 쓰는 법을 익힐 때까지 마냥 기다려줄 수도 없고요. 그러니……"

"하지만, 사장님. 저를 해고하시면 안 됩니다. 저는 평생토록 이 일을 해왔습니다. 제 아버지와 선대 어른들이 일하셨던 것처럼……"

젊은 사장은 문지기의 말을 끝까지 들어주지 않았다.

"네, 이해합니다. 하지만 제가 해드릴 수 있는 일이 없어요. 퇴직금은 드릴게요. 당연히 그래야죠. 다른 일자리를 찾을 때까지 살 수 있을 정도의 돈일 겁니다. 하지만 유감스럽게도 그게 전부입니다. 건투를 빕니다."

그 말을 마지막으로 젊은 사장은 뒤로 돌아서서 가버렸다.

문지기는 세상이 무너지는 느낌을 받았다. 이런 일이 벌어질 거라고 단 한 번도 생각해본 적이 없었다. 생애 처음으로 문지기는 무직 상태로 귀가하게 되었다. 이제 무얼 할 수 있을까?

문지기는 사창가에서 침대나 옷장이 부서졌을 때 간단한 보수 작업을 했던 것을 떠올렸다. 문지기 일자리를 다시 구할 때까지 임시로 자질구레한 수리나 잡역부로 일할 수 있겠다는 생각을 하게 되었다.

문지기는 집을 샅샅이 뒤져서 필요한 도구를 찾았다. 있는 것이라고는 녹슨 못 몇 개와 부서진 것이나 다를 바 없는 펜치가 전부였다. 공구를 갖춘 연장통이 필요했다. 연장통을 마련하려면 퇴직금으로 받았던 돈의 일부를 써야만 했다.

밖으로 나가 길모퉁이에 이르렀을 때 남자는 마을에 철물점이 없다는 사실을 떠올렸다. 필요한 것을 살 수 있는 가장 가까운 곳에 가려고 해도 노새를 타고 이틀을 꼬박 가야 했다.

'그래, 그게 뭐 대수야?' 어차피 달리 할 일도 없었다. 남자는 곧바로 길을 떠났다.

집으로 돌아왔을 때 남자의 손에는 온갖 공구가 갖춰진 괜찮은 연장통이 들려 있었다. 집에 돌아와 신발을 벗기도 전에 문을 두드리는 소리가 들려왔다. 옆집 사람이었다.

"혹시 망치를 좀 빌려주실 수 있을까요?"

"사실 방금 하나를 사왔어요. 하지만 일을 하기 위해서 그 망치가 필요해요. 제가 실직을 해서……."

"내일 아침 일찍 돌려드릴게요."

"그렇다면 좋아요."

다음 날 아침 옆집 사람은 약속대로 문지기의 집 문을 두드렸다.

"저기요. 망치가 계속 필요해서요. 그냥 저한테 망치를 파시면 안 될까요?"

"안 돼요. 일을 하려면 그 망치가 필요해요. 게다가 철물점은 노새를 타고 이틀을 꼬박 가야 하는 곳에 있잖아요."

"그럼 거래를 합시다. 철물점에 가는 데 걸리는 이틀치하고 다시 돌아오는 데 걸리는 이틀치 경비를 망치 값에 얹어서 드릴게요. 어때요? 사실 지금 당장 하실 일도 없잖아요? 실직 중이시니까."

사실 이렇게 되면 나흘 동안의 일당을 버는 셈이었다.

문지기는 옆집 사람의 제의를 받아들였다.

새로 망치를 사오려고 노새 채비를 꾸리는데, 또 다른 이웃이 문지기를 찾아왔다.

"안녕하세요. 이웃에 사는 사람인데요. 오늘 제 친구에게 망치를 파셨죠?"

"네."

"있잖아요, 저도 연장이 좀 필요하거든요. 제게도 연장을 좀 파세요. 필요한 연장 값에 약간의 돈을 얹어 드리고, 나흘치 여행 경비까지 드릴게요. 모든 사람이 필요한 물건을 사기 위해서 나흘 동안 여행을 할 여유가 있는 게 아니거든요."

전직 문지기는 연장통을 열었다. 이웃 사람은 펜치 하나와 드라이버, 끌을 골랐다. 그런 다음에 이야기한 대로 값을 치르고 떠났다.

'모든 사람이 필요한 물건을 사기 위해서 나흘 동안 여행을 할 여유가 있는 게 아니거든요.' 전직 문지기는 이웃 사람의 말을 되새겨 보았다. 그 말이 사실이라면 연장을 사다 주기를 바라는 사람이 더 많을 수도 있다.

다음 여행에는 팔았던 것보다 더 많은 연장을 사가지고 오기로 마음먹었다. 그렇게 하면 먼 길을 나서는 일을 여러 번 하지 않고 시간을 아낄 수 있었다.

인근 지역에 이 남자의 소문이 나기 시작했다. 많은 이웃들은 이제 물건을 사기 위해 직접 먼 길을 떠나는 걸 그만두었다.

전직 문지기에서 연장 판매원으로 변신한 남자는 일주일에 한 번씩 길을 나서서 고객들이 필요로 하는 것들을 모두 사다 날랐다. 그러다가 물건을 저장할 장소가 있으면 먼 길을 나서는 수고는 줄

이고 돈은 더 많이 벌 수 있겠다는 생각을 하게 되었다. 그래서 창고 하나를 임대했다. 창고 출입구를 넓히는 공사를 했다. 그리고 몇 주 후에는 전면에 창문을 크게 냈다. 그런 식으로 창고는 마을 최초의 철물점이 되었다.

사람들은 이 방식에 만족했다. 모든 마을 사람들이 연장을 남자에게서 사갔다. 더구나 이제 남자는 더는 먼 길을 나서지 않아도 됐다. 우수 고객인 남자를 위해 다른 마을에 있는 철물점에서 그가 주문한 물건을 직접 배달해주었기 때문이었다.

시간이 흐르면서 인근에 있는 외딴 마을에 사는 사람들도 그의 철물점에서 물건을 사기 시작했다. 이틀치 여행 경비를 아낄 수 있었기 때문이다.

그러던 어느 날, 남자는 문득 기계를 잘 다루는 선반공 친구가 망치를 만들 수 있겠다는 생각을 하게 되었다. 그렇다면…… 펜치와 렌치, 끌 같은 것 역시 만들지 못할 이유가 없었다. 그렇게 직접 생산을 하게 되었고 이어서 나사와 못도 만들기에 이르렀다.

남자는 10년이 채 가기 전에 특유의 정직함과 성실함으로 백만장자 공구 제작업자가 되었다. 그리고 마을에 학교를 세웠다. 그 학교에서는 읽고 쓰는 법 외에도 기술과 사업 방법에 대해서도 배울 수 있었다.

남자에 대한 소문이 퍼지고, 주지사가 직접 학교 설립자를 기리기 위한 파티를 열었다. 주지사는 남자에게 학생들에게 보낼 편지를 부탁했다.

"그럴 수 있다면 제가 영광이지요." 남자는 말했다. "사실 정말로 그러고 싶습니다만 제가 읽고 쓸 줄을 몰라서요. 저는 문맹입니다."

"네?" 주지사는 믿을 수 없다는 듯이 되물었다. "읽고 쓸 줄을 모르신다고요? 읽고 쓸 줄도 모르면서 그런 거대 기업을 일구셨다는 말씀이십니까? 정말 놀랍군요. 만약 읽고 쓸 줄 아셨다면 도대체 얼마나 대단한 일을 하셨을까요?"

"그 질문에는 답을 해드릴 수 있겠네요."

남자는 차분한 어조로 말했다.

"제가 읽고 쓸 줄 알았다면 지금 사창가의 문지기로 일하고 있을 겁니다."

두 사이즈 작게
힘든 일일수록 가치 있다는 믿음

어느 날 오후, 나는 한 가지 화제를 염두에 두고 호르헤를 찾아갔다. 노력과 수고에 관한 이야기를 좀 더 나누고 싶었다. 처음에 호르헤가 들려준 이야기는 상당히 그럴 듯해 보였다. 하지만 실제 상황에 적용해보니 그대로 따르는 일이 때론 불가능하다고 느껴졌다.

"그렇다고 노력하지 않고 헐렁헐렁 살아갈 수는 없다는 생각이 자꾸 들어요. 뭔가 죄짓는 기분도 들고요. 그런 경우가 꼭 있다고요. 저뿐만 아니라 선생님이나 다른 사람들도 마찬가지라고 생각해요."

"한 가지는 맞았어요. 마지막 말이요." 뚱보 선생이 말했다. "나도 지난 20년 동안 나의 사상과 신념에 충실하려고 했지만 늘 성공한 것은 아니었어요. 모든 사람들이 이와 비슷한 일을 겪고 있을 거라고 생각해요.

'노력하지 않기'라는 개념은 도전 과제이자 습관이고 극기여서 훈련이 필요한 일이에요. 처음엔 나 역시 불가능하다고 생각했어요. 그 회의에 나가지 않으면 사람들이 나에 대해 뭐라고 생각할까? 내가 전혀 관심 없는 이야기지만 주의 깊게 듣지 않으면 나쁘게들 말하겠지? 나에게 베풀었다고 생각하는 사람에게 감사하는 척하지 않는다면? 그저 하고 싶지 않다는 이유만으로 부탁을 거절한다면? 더 많은 돈을 벌기 위해 노력하는 대신 일주일에 나흘만 일하기로 한다면? 자연스럽게 담배를 끊을 수 있을 때까지 그냥 계속 담배를 피우겠다고 한다면? 등등…….

나는 이전에 '노력하며 살아야만 한다'는 개념은 특정 이데올로기에 근거를 둔 사회적 산물이라는 글을 쓴 적이 있어요. 그 이데올로기는 인간이라는 사회적 동물을 매우 비관적으로 해석하는 이념 체계죠. 인간은 게으르고 악하며 이기적이고 무책임하다고 전제하면 '나아지기 위한 노력'을 해야만 하는 게 당연한 일이 되니까요. 하지만 정말 그럴까요? 정말 인간의 본성은 그런가요?"

나는 호르헤의 말에 매료되었다. '내가 지금 여기서 뭘 하고 있는 거지?'라고 되물으며 나를 재촉하지 않게 된다면, 아무것도 하지 않는 나를 못마땅하게 여기는 마음을 내려놓고 편안하고 자연스러운 상태로 살아간다면 어떨까 하는 상상에 마음을 빼앗겼다.

하지만 어디서부터 시작해야 할까?

"먼저, 아주 어릴 적부터 우릴 옭아매온 덫에서 벗어날 방법을 찾아야 해요."

호르헤가 내 생각을 읽기라도 한 듯이 말했다.

"이 덫은 우리 마음 속 깊은 곳에 뿌리를 내리고 있어서 노골적으로나 암암리에 우리 문화의 일부가 되어 있죠.

'노력으로 이룬 것만이 진정한 가치가 있다.'

이건 솔직히 다 헛소리예요. 시쳇말로 개소리죠. 누구든 조금만 생각해보면 실제로는 그렇지 않다는 걸 알 수 있어요. 얻기 힘들다는 이유만으로 가치 있는 일이라고 단정할 수는 없는 거잖아요. 왜 그 일을 해야 하는지가 더 중요한 거지. 하지만 우리는 이것을 의심의 여지가 없는 진실인 듯 생각하면서 살아왔어요.

의학이나 심리학적으로 협의된 바는 없지만 내가 몇 년 전에 나름대로 정리한 임상적 증후군이 하나 있어요. 언젠가는 우리 모두가 겪게 될 증후군이죠. 나는 그 증후군을 '두 사이즈 작게 신드롬'이라고 부르기로 했어요. 왜 그런 이름을 붙였는지 지금부터 말해 줄게요."

한 남자가 구두 가게 안으로 들어왔다. 친절한 판매원이 그에게 다가갔다.

"뭘 도와드릴까요, 손님?"

"저기 있는 검은색 구두 한 켤레 주세요."

"네, 손님. 구두는 41 사이즈 신으실 것 같은데. 맞죠?"

"아니요. 39 사이즈로 주세요."

"손님, 죄송합니다만 20년 동안 이 일을 해온 사람으로서 손님은 41이 맞으실 거예요. 혹시 40일 수는 있겠지만…… 39는 절대 아니에요."

"39 사이즈로 부탁 드려요."

"죄송하지만 발 사이즈를 좀 재봐도 될까요?"

"원한다면 재보세요. 하지만 저는 39 사이즈 구두를 원해요."

남자의 발 사이즈를 잰 판매원은 만족스러운 어조로 분명하게 말했다.

"보셨죠? 제가 말씀드렸던 대로입니다. 41사이즈예요!"

"이봐요. 구두 값을 내는 사람이 누구죠? 나인가요? 아니면 그쪽인가요?"

"…… 손님이시죠."

"잘 아시네요. 그럼 이제는 39 사이즈 구두 가지고 오실래요?"

놀람과 체념이 뒤섞인 표정을 한 판매원은 39 사이즈 구두를 가지러 갔다. 구두를 가지고 돌아오는 길에 판매원은 뭔가 깨달았다. 저 사람이 신을 구두가 아닌 모양이다. 누군가 다른 사람에게 선물할 구두를 사는 게 틀림없다.

"손님, 39 사이즈 구두 가지고 왔습니다. 포장해드릴까요?"

"아니요. 구둣주걱 좀 주시겠어요?"

"지금 그 구두를 신으시게요?"

"물론이죠."

"직접 신으시게요?"

"당연하죠! 구둣주걱 좀 가져다주실래요?"

구둣주걱이 반드시 있어야 했다. 남자가 문제의 구두에 발을 집어넣으려면 말이다. 몇 번의 시도 끝에 남자는 겨우겨우 발을 구두 안에 욱여넣을 수 있었다.

남자는 앓는 소리를 내면서 몇 걸음을 카펫 위에서 걸었다. 보기만 해도 고통이 느껴졌다.

"좋아요. 이걸 살게요."

판매원은 자신의 발가락이 두 사이즈 작은 구두 속에 쑤셔 넣어진 것처럼 고통스러웠다.

"네…… 상자에 담아 드릴까요?"

"아니, 됐어요. 신고 갈게요."

남자는 가게를 나와선 최선을 다해 세 블록 떨어진 사무실로 걸어갔다.

오후 4시가 되었다. 문제의 구두를 신고 일한 지 여섯 시간이 훨씬 지나 있었다. 남자의 얼굴은 뒤틀리고 두 눈은 붉게 충혈되었다. 눈물이 그의 얼굴을 타고 흘러 내렸다.

같이 일하던 동료는 오후 내내 그를 지켜보면서 걱정했다.

"무슨 일이에요? 어디 아파요?"

"아니요. 이 구두 때문에 그래요."

"구두가 왜요?"

"구두가 꽉 조여서요."

"새 신발이라 그런가?"

"아니요. 내 발보다 두 사이즈 작은 구두라서 그래요."

"누구 건데요?"

"내 거예요."

"이해가 안 되네요. 지금 발이 아프다고 말했잖아요?"

"그냥 아픈 정도가 아니에요. 아주 죽겠어요!"

"나는 정말 무슨 뜻인지 이해가 안 되는데."

"설명해 줄게요." 남자는 침을 꿀꺽 삼키더니 말했다. "요즘 살아가면서 만족스럽고 기쁜 일이 별로 없는 거예요. 사실 최근에는 거의 행복한 때가 없었어요."

"그래서요?"

"지금은 이 신발 때문에 죽을 것 같잖아요. 사실 정말 괴로워요. 하지만 몇 시간 후에 집에 가서 신발을 벗으면 어떤 기쁨을 느끼게 될지 상상이나 할 수 있겠어요? 세상에 다시없을 기쁨일 거예요!"

"미친 소리 같죠, 데미안? 정말 미친 짓이죠. 이건.

그런데 우리는 이런 걸 교육적 지침으로 삼고 살아가고 있어요. 힘든 일이니까 해볼 만한 가치가 있는 일이라고 우기면서, 행복하지 않은 일을 억지로 참고 견디라고 가르치는 거죠. 내가 조금 극단적인 사람으로 보일 수도 있겠죠. 하지만 옷을 사기 전에 몸에 맞는지 입어보는 것처럼 내가 주장하는 것을 한번 시도해볼 필요는 있어요. 나는 인내와 고군분투가 반드시 가치 있는 일로 이어지지는 않는다고 생각해요."

나는 진료실을 나와서 호르헤의 노골적이고 직설적인 마지막 말을 생각해보았다.

"그렇게 애를 써봐야…… 남는 건 변비뿐이에요."

젖이냐 젖가슴이냐
참을 수 없는 불안감

사실 호르헤가 상담 시간마다 매번 이야기를 들려준 것은 아니다. 하지만 어떤 이유에서인지 그와 함께 했던 1년 반 동안 들은 '이야기'는 거의 모두 기억이 난다. 어쩌면 이야기야말로 뭔가를 배우는 데 가장 좋은 방법이라고 했던 호르헤의 말이 맞는지도 모르겠다.

하루는 내가 너무 호르헤에게 의존하는 것 같다는 말을 한 적이 있다. 당시에 나는 그에게 지나치게 의지하는 내가 싫다는 생각이 들어 호르헤와 멀어지고 싶었다. 하지만 동시에 그에게 배우지 않으면 제대로 할 수 있는 일이 없을 것 같다는 두려움이 있었다.

내가 호르헤에게 느끼는 존경과 애정 때문에 그의 말과 생각에 지나치게 의존하고, 호르헤의 심리치료에 집착한다는 느낌을 받았다.

이런 혼란스러움을 털어놓자 호르헤는 이렇게 답했다.

"당신은 지식에 목말라하고 있어요.

성장에 목마르고,

발견에 목마르고,

자유에 목말라하고 있어요.

지금 당장은 내가 젖가슴 역할을 하고 있지요.

그 목마름을 달래줄 젖을 주는 젖가슴의 역할을.

아직까지는 괜찮다고 생각해요, 당신이 젖가슴을 찾는 게.

하지만 잊지 마세요.

그 목마름을 채워주는 건 젖가슴이 아니라…… 젖이라는 걸!"

'넘버 세븐' 목공소
사람을 돕는다는 것

"그 사람은 정말 이상해요. 우둔하고 쥐뿔도 모르는 주제에 자존심은 있어서 남의 도움도 받아들이지 못해요." 나는 불만 가득한 목소리로 말했다. 뚱보 선생은 알겠다는 듯 빙긋 웃고는 편한 자세를 잡고 앉아서 이야기보따리를 풀기 시작했다.

도시 외곽에 작은 판잣집 하나가 있었다. 그야말로 가축우리 같은 집이었다. 집 앞 쪽에는 연장과 기계 몇 개가 놓인 작업장이 있었고, 침실 두 개와 주방이 딸려 있었다. 뒤쪽에는 아주 기본적인 시설만 갖춘 욕실이 있었다. 하지만 그곳에 살고 있는 호아킨은 한 번도 불평을 하지 않았다.

'넘버 세븐'이라는 이름으로 불리는 그의 목공소는 지난 2년 동안 마을에서 좋은 평판을 얻어서 미미하나마 빚을 지지 않고 살아갈 만큼의 돈을 벌 수 있었다.

그러던 어느 날, 여느 때와 다름없이 아침 6시 반에 일어난 호아킨은 일출을 보려고 집을 나섰다. 하지만 원래 생각했던 대로 호숫가에 가지 못했다. 집에서 200미터 정도 떨어진 곳을 걷다가 사람의 몸에 발이 걸려 넘어진 것이다. 바닥에 쓰러져 있는 것은 상처를 입은 젊은이였는데 상태가 위중해 보였다.

호아킨은 재빨리 무릎을 꿇고 앉아서 젊은이의 가슴에 귀를 갖다 댔다. 심장 박동 소리가 희미하게 들렸다. 그것은 피와 먼지 뒤범벅이 되어서 술 냄새까지 풍기는 젊은이의 몸이 마지막 생명을 붙잡으려 애쓰는 소리 같았다.

호아킨은 재빨리 수레를 끌고 와서 젊은이를 집으로 옮겼다. 자신의 침대 위에 젊은이를 눕히고 해진 옷을 잘라 버린 다음 비누와 물, 소독용 알코올로 조심스레 몸을 닦았다.

아무래도 술에 취해서 쓰러져 있다가 짐승의 공격을 받은 것 같았다. 두 손과 등에 물어뜯긴 자국이 가득했고, 오른쪽 다리는 부러져 있었다.

그로부터 이틀이 지났다. 호아킨의 생활은 이 예상치 못한 손님의 병간호를 중심으로 돌아가고 있었다. 호아킨은 정성을 다해 젊은이를 돌보고 붕대를 갈아주었다. 부목으로 고정한 다리를 살피고 치킨 수프를 숟가락으로 조금씩 떠먹이기도 했다.

마침내 젊은이가 의식을 되찾자 호아킨은 걱정이 서린 다정한 눈길로 젊은이를 내려다보았다.

"기분이 어떠세요?" 호아킨이 물었다.

"좋은 것 같습니다." 젊은이는 자신의 몸을 쳐다보면서 말했다. 몸은 깨끗해져 있었고, 다친 곳도 나아가고 있었다.

"누가 저를 보살펴 주셨나요?"

"제가요."

"왜요?"

"다쳤으니까요."

"오로지 그 이유 때문에요?"

"아니요. 조수로 쓸 수도 있겠다 싶었죠."

두 사람은 배꼽을 잡고 웃었다.

젊은이의 이름은 마뉴엘이었다. 잘 먹고 잘 자면서 술을 먹지 않으니 마뉴엘은 금방 기운을 되찾았다.

호아킨은 마뉴엘에게 자신이 하는 일을 가르치려고 노력했다. 그러나 마뉴엘은 최선을 다해서 피해 다녔다. 호아킨은 몇 번이고 되풀이해서 젊은이의 머릿속에 성실함과 좋은 평판, 정직한 생활의 이점에 대한 생각을 심어주려고 노력했다. 마뉴엘은 몇 번이고 되풀이해서 이해한 듯한 얼굴 표정을 지었다. 하지만 두 시간 또는 이틀이 지나고 나면 일을 하다가 잠을 자거나 호아킨이 시킨 심부름을 잊어버리거나 하기 일쑤였다.

그렇게 몇 달이 흘렀다. 마뉴엘의 몸은 완전히 나았다. 호아킨은 마뉴엘에게 자신의 침실을 내어주고 자신의 사업을 나누어 주었으며 욕실도 먼저 사용하게 해주었다. 일을 열심히 하겠다는 마뉴엘의 약속을 믿었기 때문이다.

그러던 어느 날 밤, 호아킨이 잠들어 있는 사이 마뉴엘은 6개월 동안 금욕 생활을 했으면 충분하다는 결론을 내렸다. 마을에 나가서 포도주 한 잔 마신다고 해서 해가 될 건 없을 거라는 생각이 들었다. 호아킨이 밤중에 일어나 확인할지도 모른다는 생각에 마뉴엘은 방문을 안에서 잠가 놓고 창문을 통해서 밖으로 나갔다. 그리고 방에 있는 것처럼 보이도록 촛불을 켜놓았다.

포도주 한 잔은 두 잔이 되었고, 다시 한 병이 되었다가 두 병으로 변했다. 그렇게 점점 술잔은 늘어만 갔다.

마뉴엘이 술친구와 함께 노래를 부르고 있는데 술집 앞으로 소방차가 사이렌을 요란하게 울리며 지나갔다. 하지만 자신과 상관 없다고 생각한 마뉴엘은 계속 술을 마시다가 꼭두새벽에야 비틀거리는 몸을 이끌고 집에 도착했다. 집 근처 거리에는 사람들이 쏟아져 나와 있었다. 연장과 기계 몇 개와 흙벽 한 두 개를 제외한 모든 것을 화마가 삼켜버린 뒤였다. 불에 그슬린 뼈 몇 개만이 호아킨의 흔적으로 남아 있었다.

마뉴엘은 뼈를 묘지에 묻고 비석을 세웠다. 비석에 다음과 같은 묘비명을 새겼다.

'호아킨, 해낼게요. 꼭이요.'

많은 고생을 해야 했지만 마뉴엘은 목공소를 다시 지었다. 게으르기는 했지만 영리했던 마뉴엘은 호아킨에게서 배웠던 것들을 기억하며 사업을 다시 정상 궤도에 올려놓았다.

마뉴엘은 어디선가 호아킨이 자신을 내려다보면서 격려하는 듯한 느낌을 받았다. 마뉴엘은 결혼과 첫 아이의 출생, 첫차 구입 등등 인생의 성취를 이룰 때마다 호아킨을 생각했다.

한편, 그곳으로부터 500킬로미터 떨어진 곳에 호아킨은 팔팔하게 살아 있었다.

그는 때때로 한 젊은이를 구하기 위함이라는 명목 아래 거짓말을 하고, 속임수를 쓰고, 자신의 아담하고 훌륭한 집에 불을 놓은 일이 정당화될 수 있을지 고민했다. 아무리 생각해도 정당하다는 결론을 내린 호아킨은 돼지 뼈와 자신의 뼈를 구분하지 못한 지역 경찰을 떠올리며 웃음을 터트렸다.

그의 새로운 목공소는 이전보다 조금 더 수수했지만 벌써 마을에서 유명세를 떨치고 있었다. 목공소 이름은 '넘버 에이트'였다.

"데미안, 살다 보면 사랑하는 사람을 돕는 일이 힘들어질 때가 있죠. 하지만 인생에서 기꺼이 감수해볼 가치가 있는 어려운 일을 하나 꼽는다면 그건 바로 다른 사람을 돕는 일이에요. 그렇다고 이게 도덕적 의무 같은 건 아닙니다. 그보다는 선택의 문제예요. 각자의 선택이죠. 해도 되고 안 해도 되는 일이란 말이에요.

그렇지만 나의 개인적인 경험으로 보면, 그러니까 지금까지 직접 겪었던 일과 보았던 일들을 기준 삼아 이야기하자면, 진정으로 자유롭고 자각 있는 사람은 타인에게 관대합니다. 어려운 사람을 따뜻하게 대하고, 성품이 다정하고, 줄 때나 받을 때 똑같은 기쁨을 느낄 줄 알아요.

그러니 자기 생각에 빠져 사는 사람을 만나게 되어도 얕보거나 경멸하지 마세요. 그렇지 않아도 자신의 삶을 비참하게 만드는 일을 자주 하는 사람들이니까요.

반대로 나 자신이 인색하거나 야비하거나 옹졸하다고 느껴질 땐 나에게 무슨 일이 벌어지고 있는지 점검할 기회로 삼으세요. 살아가다 보면 그렇게 정도를 벗어나는 경우가 몇 번쯤은 있게 마련입니다.

일전에 내가 적어 놓은 글귀 하나를 소개하죠."

신경증 환자에게는
병을 치료할 심리치료사나
돌봐줄 보호자가 필요한 게 아니다.
그에게 필요한 것은
어디서 길을 잃어버렸는지 보여줄 선생님이다.

숲속 노래경연대회
인색한 사람이 되는 법

진료실을 떠나온 후에도 호르헤가 해준 이야기가 계속 떠올랐다. 인색함, 야비함, 자기 생각에 빠진 사람. 그 모든 말들이 머릿속에서 뒤죽박죽 섞여서 이해할 수 없는 엉망진창이 되었다.

나는 이 고민을 안고 다시 호르헤를 찾아갔다.

"선생님은 언제나 이기심을 옹호해왔잖아요. 자신을 분명하게 표현하거나, 자기 존중감을 표출하는 것뿐이라면서."

"그렇죠."

"그런데 지난번엔 남을 돕는 이야기를 하면서 자기가 인색하다고 느껴지면 스스로를 점검할 기회로 삼으라고 했죠. 인색하다는 게 나쁜 것처럼 이해됐어요."

"그런데?"

"그래서 인터넷에서 '인색하다'는 말을 찾아봤어요. 거기선 '욕

심 사납고 형편없으며 야비하고 결핍되어 있다'고 설명하고 있어
요. 그런데 이렇게 보면 이기적이라는 말이나 인색하다는 말이 같
은 의미인 것 같단 말이에요."

"여기를 좀 보죠."

뚱보 선생은 온갖 책이 어지럽게 꽂혀 있는 책장에서 《왕립아카
데미 스페인어 사전》을 꺼내 들었다.

메스키노mezquino

1. 궁핍한 2. 결핍된 3. 하찮은

• 아랍어에 기원을 두고 있다. 가난하다는 뜻의 미스킨miskin
에서 파생되었다.

"이제 이 단어를 더 잘 파악할 수 있겠죠.

메스키노 즉 '인색하다'라는 말은 모든 것을 자신이 독차지하고
싶어서 남에게 주기를 거부하는 사람을 말해요. 달리 말하면 자신
에게 필요한 것이 부족한 사람이죠. 계속해서 내가 가진 것이 부족
하다고 생각하는 사람이요. 스스로를 믿지 못해 끊임없이 다른 무
엇으로 대신 채우려는 사람인 겁니다. 이런 사람은 자기의 욕망 외
에는 아무것도 보지 못해요. 보잘것없고 비참한 삶이죠."

호르헤는 잠시 말을 멈추고 뭔가를 생각하는 듯한 표정을 지었

다. 머릿속 구석에 박혀 있는 이야기를 하나 꺼내려는 모양이었다. 나는 편안한 자세로 귀를 기울일 준비를 했다.

옛날 옛날에 사냥꾼에게 잡혔다가 탈출하여 숲속으로 돌아온 부엉이 한 마리가 있었다. 부엉이는 도시에서 본 사람들의 관습과 문화에 대해 떠들어댔다.

가령 도시 사람들은 예술가들이 보유한 기술에 따라 그들의 등급을 정하고 점수를 매기는데, 그 이유는 그림, 데생, 조각, 노래 등 온갖 것에서 누가 최고인지 밝히려는 것이라고 설명했다.

동물들은 그 이야기에 매료되었고, 인간의 관습이 멋진 것이라 생각하게 되었다. 아마도 그런 이유로 노래 경연이 열린 것 같다. 오색방울새부터 코뿔소에 이르기까지 숲에 사는 모든 동물들이 경연에 참가하게 되었다.

부엉이는 대회의 관리 감독을 맡았다. 그리고 심사는 비밀 투표로 하기로 했다. 대회에 참가한 모든 동물이 각각 한 표씩 행사하는 방식이어서 참가자들이 곧 심사관인 셈이었다.

마침내 대회가 시작되었다. 인간을 비롯한 모든 동물들이 무대에 올라서 노래를 불렀다. 청중의 박수소리는 크고 작아지기를 반복했다. 경연이 끝나고 참가자들은 무기명 투표를 실시했다.

집계할 순서가 되자 부엉이는 무대에 올라 늙은 원숭이 둘을 양 옆에 세우고 투표함을 열었다. '민주적 소명의 전형'인 비밀 무기명 투표를 통해서 모든 동물들의 권리를 인정한 순간이었다.

늙은 원숭이가 첫 번째 투표용지를 꺼냈다. 모두가 흥분한 가운데 부엉이가 외쳤다.

"형제자매 여러분, 첫 번째 표는 우리의 친구, 당나귀에게 돌아갔습니다!"

긴 침묵이 있은 후에 어색한 박수 소리가 몇 번 들려왔다.

"두 번째 표는…… 당나귀에게 돌아갔습니다!"

모두들 어리둥절해하기 시작했다.

"세 번째 표는…… 당나귀입니다!"

경연 참가자들은 주변을 두리번거렸다. 처음에는 놀란 얼굴이었지만 시간이 지나자 비난을 담은 시선으로 주변을 보기 시작했다. 그리고 점점 더 많은 표가 당나귀에게 몰리자 수치심과 죄책감을 드러내기 시작했다.

모든 참가자들은 귀에 거슬리는 당나귀의 '히이 힝' 소리보다 못한 노래가 없다는 걸 알고 있었다. 그럼에도 불구하고 '공정한 심사'로 '자유롭게 선출'한 결과 당나귀가 우승자로 선정되었다. 그리하여 당나귀는 공식적으로 '숲속 최고의 목소리'로 결정되었다.

부엉이는 나중에 어떻게 된 일인지 설명해주었다. 경연 참가자들은 모두 자신이 우승하려는 욕심에 가장 실력이 떨어지는 참가자에게 표를 준 것이다. 바로 누구에게도 전혀 위협이 되지 않을 당나귀였다. 거의 만장일치에 가까운 결과였다.

사실 당나귀를 뽑지 않은 것은 단 두 표였다. 자신의 실력을 알고 있던 당나귀는 솔직하게 종달새에게 표를 주었다. 그리고 인간은 당연히 자기 자신에게 표를 주었다.

"데미안, 이게 바로 우리 사회에서 인색함이 무슨 의미인지 알려주는 이야기예요. 다른 사람을 배려할 여지가 없을 정도로 오직 자신만 중요하다고 생각하는 것이나, 스스로가 너무 훌륭하다고 생각해서 자기 외에는 아무도 인정하지 못하는 경우, 또는 자신이 원하는 것이라면 무엇이든 가질 자격이 있다고 생각하는 경우. 그런 경우에는 욕심과 허영심, 어리석음, 근시안적 사고로 인해서 인색한 사람이 되고 마는 거예요. '이기적인' 사람이 아니라 '인색한' 사람이 되는 거예요, 데미안."

황금 피라미드
누가 누구의 주인일까

이유 없이 어렵고 혼란스럽던 때가 있었다. 사실 그 모든 일의 시작은 여자친구 때문이다. 나는 격렬한 질투에 사로잡혀 있었다.

어느 날 내 여자친구는 학교 친구들과 어울리기 위해 나와의 데이트를 미뤘다. 그 순간부터 패배주의적인 자의식과 분노의 감정이 머릿속을 채우기 시작하고 그 모든 것이 수반하는 고통에 사로잡히고 말았다.

이런 부정적인 감정을 있는 그대로 인정하는 게 중요하다는 것은 이전 상담에서 이미 배운 바다. 하지만 솔직히 그 순간에는 완전히 냉정을 잃고 뒤죽박죽이 되어 있었다.

"왜 내 여자친구를 그녀의 친구들과 나누어야 하는지 도무지 이해를 못하겠어요. 내 친구들을 그들의 연인과 공유해야 하는 것도 이해가 안 되고요. 이런 식으로 말하는 게 얼마나 어리석은 건지는 나도 알아요. 하지만 뭔가가 내 것이 되면 그걸 남과 나누고 싶지 않아요. 그럴 권리가 있다는 생각이 들어요. 무슨 구석기적 발상이냐고 할지 모르지만 어쩔 수 없이 솔직한 내 심정이에요. 어쨌든 내 것이잖아요." 나는 마구 쏟아 낸 뒤 뚱보 선생을 쳐다보았다.

호르헤는 찻주전자를 내려놓고 이야기를 시작했다.

한 남자가 심란한 표정으로 길을 따라 내려오다가 문득 고개를 들었다. 크고 아름다운 황금 피라미드가 시야에 들어왔다. 때마침 구름 사이로 태양이 모습을 내밀자 황금 피라미드의 표면에 햇빛이 반사되며 영롱한 무지개빛으로 빛났다. 마치 이 세상의 것이 아닌 듯 황홀한 모습이었다.

남자는 우두커니 서서 한동안 그 황금 피라미드를 쳐다보았다. 최면에 걸린 사람 같았다.

'임자가 있는 물건일까?'

주변을 둘러보았지만 부근에는 아무도 없었다.

마침내 남자는 피라미드 쪽으로 다가가서 만져보았다. 놀라울 정도로 매끈매끈했다.

표면을 손으로 어루만지면서 그 부드러움이 아름다움과 광도에 딱 어울린다는 생각을 했다.

'이건 내 거야.'

남자는 매우 조심스럽게 황금 피라미드를 안고 도시의 외곽 지역으로 걸어가기 시작했다. 황금에 완전히 마음을 빼앗긴 남자는 천천히 숲속으로 걸어가서 빈터가 있는 쪽으로 걸음을 옮겼다.

오후의 태양이 내리쬐는 잔디 위에 황금 피라미드를 조심스레 내려놓은 남자는 자리에 앉아서 가만히 그것을 바라보았다.

"이렇게나 가치 있는 걸 나 혼자 차지하는 건 처음이네. 내 것이야. 완전히 내 것이라고!"

그런데 그 순간 황금 피라미드도 남자를 보면서 같은 생각을 하고 있다는 것을 그는 몰랐다.

"뭔가를 소유하게 되면 그 뭔가의 노예가 된답니다. 그렇다면 누가 누구를 소유했다고 할 수 있을까요?"

누가 누구의 주인일까?

유분증이 있는 남자
나는 무엇을 하고 있는가

한동안 내 친구들은 내가 어떤 종류의 치료를 받고 있는지 궁금해했다. 호르헤와의 상담에 대해 이야기하면 모두들 크게 놀랐다. 호르헤가 나를 대하는 방식은 기존에 알려져 있는 일반적인 치료법과는 달랐다. 익숙하게 알고 있던 그 어떤 치료 요법의 범주에도 속하지 않았다.

어느 날 오후, 진료실에 도착한 나는 '제자리를 찾아간다'는 호르헤의 말처럼 나의 일상이 다소 질서를 찾아가고 있다는 생각을 하게 됐다. 그래서 그날은 호르헤에게 우리가 하는 상담치료가 어떤 종류인지를 물었다.

"어떤 종류의 치료법이냐고요? 그걸 내가 어떻게 알겠어요? 데미안은 이게 정말 치료라고 생각하나요?" 오히려 호르헤가 내게 질문을 던졌다.

'이런, 망했다.' 나는 생각했다. '하필이면 오늘이 그날인 모양이네. 도저히 뜻 모를 소리만 늘어놓고 직접적인 답은 하지 않는 그런 날. 호르헤가 가끔 이러면 정말 미치겠단 말이야.'

하지만 나는 계속 밀고 나갔다.

"진지하게 하는 말이에요. 알고 싶어요."

"왜요? 뭐 하러?"

"그래야 내가 배울 수 있잖아요."

"무슨 치료 요법인지 아는 게 무슨 소용이 있죠?"

"이런 식의 대화에서 빠져나가기에는 너무 늦은 거죠?" 나는 다음에 올 말이 무엇인지 직감하면서 말했다.

"빠져나가고 싶은가요?"

"솔직히 이런 상황 짜증나요. 가끔 선생님에게 제대로 질문을 할 수 없을 때가 있어요. 질문에 답해줄 생각이 있을 때는 열광해서 설명해주지만 내키지 않을 때는 답을 회피하고 계속 질문만 해대죠. 이건 공평하지 않아요!"

"화났어요?"

"네. 화났어요."

"그 화는 어떻게 할 건가요? 그 분노를 어떻게 처리하고 싶어요? 계속 억누르고 있을 건가요?"

"아니요. 소리를 지르고 싶네요! 젠장, 빌어먹을!"

"다시 한 번 말해 봐요."

"빌어먹을!"

"다시요. 한 번 더 말해요."

"젠장, 젠장!"

"멈추지 말아요. 지금 누구에게 욕하고 있나요? 멈추지 말아요."

"빌어먹을 호르헤, 이 뚱땡아! 바로 너 말이야. 이 바보 멍청이! 빌어먹을 놈아!"

뚱보 선생은 아무 말 없이 나를 쳐다보았다. 나는 점차 평정심을 되찾았고, 거칠었던 숨도 곧 정상적인 상태로 돌아왔다.

잠시 후 호르헤는 입을 열었다.

"이게 바로 우리가 하고 있는 거예요, 데미안. 매 순간 무슨 일이 벌어지고 있는지 이해하는 걸 목표로 하고 있죠. 데미안이 쓰고 있는 가면에 금이 가게 해서 진짜 데미안의 모습을 드러내려는 시도이기도 하고요. 이게 우리가 하고 있는 치료라면 치료겠죠.

어떤 면에서 이런 방식은 독특하다 말할 수 있어요. 그래서 설명하기가 어렵죠. 게다가 독특한 두 사람의 기질을 기반으로 하니까요. 우리 경우에는 두 사람 중에 한 명, 그러니까 데미안의 성장에 좀 더 집중하기로 합의하고 진행하고 있는 거고요.

어느 한 사람이 누군가를 치유하거나 고쳐주는 그런 게 아니에요. 사람은 자기 스스로 치유하고 고쳐나가야만 하죠. 나는 지금 데미안이 스스로를 치유할 수 있도록 도움을 주는 것뿐이에요. 특정한 반응을 유도하려고 애쓰지도 않아요.

우리가 하고 있는 건 '치료'보다는 교수-학습 과정과 비슷해요. 생각보다 느낌을 더 중요시하고, 계획보다 실제 행동을, 소유보다는 존재를, 과거나 미래보다는 현재를 더 중요하게 다루죠."

"바로 그거예요. 현재." 내가 말했다. "선생님과의 상담치료와 이전에 받아본 다른 상담치료의 차이점은 바로 그거라고 생각해요. 현재 상황을 강조하는 거요. 지금껏 만나왔던 상담의들은 언제나 과거와 동기, 문제의 기원에 관심을 가지고 있었어요. 그런데 선생님은 그런 것에 대해 거의 고려하지 않죠. 하지만 어디서부터 잘못되었는지도 모르면서 어떻게 문제를 고칠 수 있다는 거죠?"

"좋아요, 이 상황을 마무리하기 위해서라도 그 얘길 한번 해보죠.

내가 알고 있는 것만 해도 심리치료의 세계에는 250개가 넘는 종류의 치료법이 있어요. 이것은 250개의 철학적 입장이 있다는 뜻이기도 합니다.

이런 심리치료 유파들은 이념적인 면이나 주안점, 제반 조건 등에서 모두 다른 모습을 보여요. 하지만 목표가 환자의 삶의 질 향상이라는 측면에서 일치합니다. 어쩌면 우리 심리치료사들이 의견 일치를 보지 못하는 지점은 '삶의 질 향상'이 어떤 의미냐는 부분인 것 같아요. 어쨌든, 계속 이야기해 볼게요.

이 250개 유파는 환자의 문제를 탐구하는 주요한 접근 방식에 따라서 크게 세 가지로 나누어 볼 수 있어요.

1. 과거에 초점을 맞추는 학파
2. 미래를 중심에 두고 생각하는 학파
3. 현재를 중시하는 학파

첫 번째 접근 방식은 신경증 환자가 어린아이였을 때 겪은 상황이나 트라우마 때문에 지금의 문제가 발생했다고 전제하는 모든 유파를 아우릅니다. 이들의 목표는 환자의 유년 시절 기억을 모두 회복시켜서 신경증에 이르게 한 상황을 발견해내는 거예요. 그런데 그들은 이런 기억이 환자의 무의식 속에 '억눌려' 있다고 생각합니다. 그래서 환자와 심리치료사 모두가 '묻혀 있는' 사건을 찾아서 깊이 파고들어야만 하죠.

이런 모델의 가장 확실한 예는 정통 심리분석이에요. 나는 이런 치료법을 '왜'를 찾는 치료법이라고 말합니다.

내가 보기에 많은 심리분석가들은 증상 뒤에 숨어 있는 이유를 찾는 것만으로도 환자의 심리 기제가 올바르게 기능할 수 있다고 믿는 것 같아요. 환자가 현재의 문제에 이르게 된 이유를 발견하고 무의식을 의식하게 되면 문제가 해결되리라는 거죠.

세상만사가 다 그렇듯이, 가장 널리 퍼져 있는 이런 유파의 치료법에도 장단점이 있습니다.

한 사람의 내밀한 의식을 깊이 이해하게 해준다는 측면에서는 최고의 치료법이에요. 정신분석학에서 도달할 수 있는 최고 수준의 자기인식으로 이끄는 데는 이만한 방법이 없습니다.

단점은 일단 치료 과정에 지나치게 긴 시간이 소요된다는 겁니다. 상당히 소모적이고 경제적이지 못한 방법이죠. 꼭 돈 문제만 말하는 건 아니에요. 어떤 심리분석가에게 이런 말을 들은 적이 있어요. 한 사람이 이런 심리치료를 받기 시작하면 살아온 기간의 3분의 1 동안은 치료를 받아야 한다고 하더군요.

게다가 그 효과가 다소 의심스럽습니다. 개인적으로 나는 자기인식을 통해서 삶에 대한 부정적 태도나 사고방식을 근본적으로 달라지게 하거나, 심리치료를 필요로 하는 증상을 제거할 수 있다는 주장에 회의적이에요.

또 다른 쪽에는 미래에 집중하는 학파가 있습니다. 요즘 굉장히 유행하고 있는 치료법인데, 이들은 환자의 진짜 문제는 목적을 달성하기 위해서 필요한 행동을 하지 않을 때 생겨난다고 봅니다. 한마디로 앞으로 어떤 행동을 하느냐가 중요하다는 거죠.

현재 상황은 이미 주어진 것이니 기정사실화해야 하고, 오히려 두려움을 극복함으로써 환자가 원하는 모습에 이르게 해주거나 원하는 것을 가질 수 있게 해주는 것이 목표라고 보는 거예요. 그렇게 하면 보다 행복하고 생산적인 삶을 살 수 있게 된다는 거죠.

기본적으로 행동주의적 치료법으로 대변되는 이런 방법은 실천과 연습을 통해서만 특정 행동을 익힐 수 있다고 주장합니다. 그리고 전문가에게 도움을 받는 게 이상적이라고 이야기하죠. 행동 교정은 외부의 조력과 지원, 안내 없이 환자 혼자서는 해볼 엄두를 낼수 없는 것이라고 보기 때문에요.

이런 트렌드를 지지하는 사람들이 중시하는 것은 '왜'가 아니라 '어떻게'의 문제입니다. 즉 환자가 어떻게 목적을 이룰 수 있을까를 고민하는 거죠.

이런 유파에도 장단점은 있습니다. 첫 번째 장점은 믿을 수 없을 정도로 효과적인 방법이라는 겁니다. 두 번째 장점은 전체 과정이 매우 신속하게 진행된다는 거죠. 미국의 신행동주의 심리학자들 몇몇은 상담치료를 한 번만 받아도 좋다고 말합니다. 많이 해도 다섯 번 정도면 충분하다고도 하고요. 하지만 내 생각에 가장 큰 단점은 피상적인 치료법이라는 겁니다. 환자는 자기 자신에 대해 그 어떤 것도 알아내지 못하고 자기 자신의 능력에 대해서도 새롭게 깨닫지 못합니다. 심리치료를 받게 만들었던 특정 문제만 해결하는 것에 그치는 것이죠. 이게 꼭 나쁜 것만은 아닐 겁니다. 하지만 환자가 진정한 자신의 모습과 만나게 되는 충분한 방법이 되지 못하는 것은 분명합니다. 심리치료에서 가장 중요한 것을 간과하는 거죠.

세 번째 접근 방식은 가장 신생 유파라고 할 수 있습니다. 현재를 중시하는 모든 심리치료 요법이 여기에 속합니다.

일반적으로 말하자면 이런 치료법은 고통의 기원을 살피는 일이

나 고통을 피하기 위해 어떻게 행동해야 하는지 알려주는 것을 목표로 삼지 않습니다. 대신에 환자를 괴롭히는 것이 무엇이고 환자가 무엇을 이루고자 하는지를 알아보는 데 초점을 맞춥니다.

이게 바로 내가 택하고 있는 접근방식입니다. 내가 이 치료법을 최고라고 생각하는 건 당연하죠. 그럼에도 불구하고 이 방식에도 장단점이 있다는 걸 인정하지 않을 수 없네요.

이런 치료법은 심리분석처럼 긴 시간을 필요로 하지 않습니다. 그렇다고 행동주의 치료법처럼 단기간에 끝나지도 않죠. 이 치료는 최소 6개월에서 최대 2년까지의 시간을 필요로 합니다. 정통 심리분석을 제공하지 않지만 어느 정도 자기 인식에 이르게 하고 환자가 자신의 자원을 활용하는 능력도 갖추게 해주는 치료법이라고 생각합니다.

그리고 현재를 중시하는 경향 때문에 잠시 뿐일지라도 '될 대로 되라' 식의 사고방식을 촉발시켜서 매사를 가볍게 생각하게 만들 위험이 있습니다. 하지만 이 치료법에서 말하는 '현재'는 이런 태도와는 아무런 상관이 없습니다. 오히려 과거의 경험을 상기시키고 미래를 대비한 계획을 장려하고 때로는 요구하기도 해요.

이 세 가지 부류의 심리치료법을 실증해 줄 수 있는 오래된 농담이 하나 있어요. 그 농담은 아주 간단한 이야기로 되어 있죠. 시작은 같으나 끝이 다른 세 가지 이야기로 치료법의 차이를 말해볼게요."

유분증으로 고생하는 사람이 있었다. 쉽게 말하면 자기도 모르는 사이에 속옷에 똥을 싸는 사람이라는 의미다. 이 사람이 의사를 찾아갔다. 이런저런 검사를 해봤지만 의사는 왜 그런 문제가 생겼는지를 설명해줄 신체적 문제점을 발견하지 못했다. 그래서 의사는 남자에게 심리치료사를 찾아가 보라고 권했다.

첫 번째는 정통 심리분석가인 심리치료사를 찾아간 경우다.
그로부터 5년이 지났다. 이 사람은 오랜 친구를 우연히 만나게 되었다.
"어이! 심리치료는 어떻게 되어가고 있나?"
"환상적이야!" 그는 행복감에 들뜬 목소리로 말했다.
"오, 그럼 이제 속옷에 변을 보지 않게 되었나?"
"아니, 아직도 옷에 똥을 싸기는 해. 하지만 지금은 왜 그렇게 되었는지를 알고 있지!"

두 번째는 행동주의 심리치료사를 찾아간 결과다.
그로부터 5년이 지났다. 이 사람은 오랜 친구를 우연히 만나게 되었다.
"어이! 심리치료는 어떻게 되어가고 있나?"
"최고야!" 그는 행복감에 들뜬 목소리로 말했다.
"오, 그럼 이제 속옷에 변을 보지 않게 되었나?"

"아니, 아직도 옷에 똥을 싸기는 해. 하지만 지금은 고무로 만든 팬티를 입고 있어!"

세 번째는 게슈탈트 심리학을 공부한 심리치료사를 찾아간 경우다. 그로부터 5년이 지났다. 이 사람은 오랜 친구를 우연히 만나게 되었다.

"어이! 심리치료는 어떻게 되어가고 있나?"

"기막히게 좋아!" 그는 행복감에 들뜬 목소리로 말했다.

"오, 그럼 이제 속옷에 변을 보지 않게 되었나?"

"아니, 아직도 옷에 똥을 싸기는 해. 하지만 이제는 그런 일에 신경 쓰지 않지!"

"지나치게 암울한 설명인 것 같은데요." 나는 방어적인 태도를 보이며 말했다. "무슨 종말론도 아니고……."

"그럴지도 모르겠군요. 하지만 그럼에도 불구하고 종말은 실재하고, 피할 수 없는 것이죠. 오늘 상담 시간처럼요. 잘 가요, 데미안."

그 순간 나는 뚱보 선생에게 그 어떤 사람에게도 해본 적 없는 악담을 퍼부었다!

땅 속의 보물
필요한 답은 모두 내 안에 있다

지난번 상담 이후 걱정이나 우려하는 정도까지는 아니지만 불편한 마음이 생겼다. 이야기 속의 불쌍한 그 남자는 어떤 심리치료를 받든지 계속해서 속옷에 똥을 싼 것 아닌가! 나는 계속 심리치료를 받는 게 어떤 의미가 있나 의문이 들었다. 똥을 싸는 이유를 이해하거나 고무로 된 속옷을 입거나 똥을 싸는 걸 신경 쓰지 않게 되려고 계속 이렇게 시간과 노력을 들여 상담받고 싶지는 않았다. 결과가 겨우 그런 것이라면 심리치료를 그만 받는 게 맞을 것 같다. 결정을 해야 했다.

"똥보 선생님, 이제 저는 이 심리치료가 어떤 종류인지 궁금하지 않아요. 대신 이제는 내가 여기서 뭘 하고 있느냐가 고민거리가 되었어요."

"안타깝게도 그 질문에 대한 답을 내가 줄 수는 없네요. 그 답을 할 수 있는 사람은 오로지 데미안뿐이죠."

"혼란스럽네요. 정말 혼란스러워요. 그 전까지는 이 심리치료가 매우 유익하고 생산적인 것이라고 확신했거든요. 지인들에게도 심리치료를 받으라고 늘 권하고 다녔을 정도였으니까요. 하지만 지난번 상담에서 나를 담당한 심리치료사가 직접 말해주기를 속옷에 똥을 싸는 유분증 환자가 심리치료를 받은 뒤에도 처음과 마찬가지로 계속 똥을 싸고 있다고 했어요. 다리를 절거나 우울증에 걸렸거나 미친 사람도 마찬가지 결과를 얻게 되겠죠. 나는 이게 다 무슨 의미인지 도무지 이해가 안 가요. 그래서 괴로워요."

"혼란스러운 상황에 맞서는 걸로는 아무런 소득도 올릴 수 없어요. 지금 괴로운 건 모든 걸 해결하고 이해할 수 있어야만 한다고 생각하기 때문이에요. 그렇게 생각하면 혼란스러운 일은 피해야만 하고, 모든 답을 알아야만 하는 등 온통 '해야만 하는 일투성이'가 되는 거죠. 전에도 말했지만 게슈탈트 심리치료법에서 유일하게 해야만 하는 일이란 이것뿐이에요.

'해야만 하는 일이란 없다'는 걸 이해해야만 한다."

"그래요. 맞는 말이에요. 하지만 '해야만 하는 일'이 없다 쳐도 저는 답이 필요하고, 여전히 답을 찾지 못했죠."

"이야기 하나 들려줘도 될까요?"

그 어느 때보다도 이야기가 필요한 것 같았다. 나는 등을 뒤로 기대고 앉아서 이야기를 들을 준비를 했다. 호르헤가 들려주는 이야기가 무엇이든 이 혼란스러움 속에서 명쾌함과 명확성을 찾는 데 도움이 될 거란 생각이 들었다.

옛날에 폴란드 남부에 위치한 크라코프라는 도시에 이지라는 이름의 노인이 살았다. 그는 친절하고 착했지만 가난한 사람이었다. 이지는 며칠 밤에 걸쳐서 같은 꿈을 꾸었다. 프라하로 여행을 갔다가 강 위에 놓인 다리에 도착하는 꿈이었다. 다리 건너편에는 잎이 무성한 나무 한 그루가 있었다. 이지는 그 나무 옆을 파헤친 다음 그곳에서 보물을 꺼냈다. 그 보물로 여생을 편안하고 행복하게 보낼 수 있었다.

처음에는 그 꿈을 대수롭지 않게 여겼다. 하지만 같은 꿈을 몇 주 동안 꾸게 되자 그 꿈이 어떤 메시지가 아닐까 생각하게 되었다. 신이나 그 비슷한 존재가 그에게 전해준 정보를 무시할 수는 없다는 결론에 이르렀다.

그렇게 직감을 따르기로 한 이지는 긴 여행에 필요한 짐을 노새에 싣고 프라하를 향해 길을 떠났다. 6일 동안 부지런히 이동한 끝에 프라하에 도착한 이지는 외곽 지역의 강과 다리를 찾아다녔다. 강이나 다리가 많지 않았기 때문에 금방 찾던 장소에 도착할 수 있었다. 강과 다리 그리고 한쪽 끝에 있는 나무까지 꿈에서 본 그대로였다. 자신이 파헤쳐야 하는 곳도 금방 알 수 있었다.

그런데 꿈속에는 없던 작은 문제가 하나 있었다. 바로 다리를 밤낮으로 지켜보는 왕실 경비대가 있었던 것이다. 이지는 경비대가 있는 동안에는 땅을 팔 엄두를 낼 수 없었다. 그래서 다리 옆에서 야영을 하면서 기회를 엿보기로 했다.

이튿날 밤이 되자 경비대의 병사가 다리 근처에서 야영을 하는 사람을 수상쩍게 생각하고 다가왔다. 병사는 노인에게 무슨 일로 그곳에 있는지를 물었다. 이지는 거짓말을 해야 할 이유를 찾지 못했다. 그래서 이 다리 근처에 보물이 묻혀 있는 꿈을 꾸었기 때문에 멀리 떨어진 크라코프에서 일부러 찾아왔다고 털어놓았다.

병사는 웃음을 터트렸다.

"그런 바보 같은 이유로 여기까지 왔다는 말이군요. 나는 지난 3년 동안 매일 밤마다 크라코프에 사는 이지라는 이름의 정신없는 노인네 집 난로 아래에 보물이 묻혀 있는 걸 보는 꿈을 꾸었어요. 하하하! 그렇다고 해서 제가 이지라는 노인네를 찾아가서 그의 집 난로 밑을 파봐야만 한다고 생각하시나요? 하하하!"

이지는 경비대 병사에게 다정하게 감사의 인사를 건네고 짐을 챙겼다.

집에 돌아온 이지는 난로 아래를 파고 그곳에 내내 묻혀 있던 보물을 발견했다.

이야기를 마친 뚱보 선생은 잠시 동안 침묵을 지켰다. 그러던 중에 초인종이 울렸다. 그의 다음 환자가 내원한 것이다. 호르헤는 내게 걸어와서 안아준 다음에 이마에 키스를 해주었다. 나는 진료실을 떠났다.

마음속으로 그날 상담을 계속 떠올려 보았다. 뚱보 선생이 대화초반에 했던 말을 이야기로 설명해준 것 같았다.

'그 질문에 대한 답을 내가 줄 수는 없네요. 그 답을 할 수 있는 사람은 오로지 데미안뿐이죠.'

답은 내 안에 있다. 호르헤도 아니고 책도 아니고 상담치료도 아니고 친구도 아니다. 오로지 나. 나만이 답을 알고 있다. 이지처럼 내가 찾던 보물은 다른 곳이 아닌 바로 내 안에 있다.

"다른 곳이 아닌 내 안에 있다."

나는 이 말을 반복해서 되뇌었다.

그렇게 하고 나자 뭔가 깨달을 수 있었다. 상담치료가 '효과가 있는지 없는지'를 말할 수 있는 사람은 나 이외에 아무도 없다. 그동안 무엇이 옳고 그른지를 말해줄 누군가를 찾아다니느라 너무 많은 시간을 보냈다는 사실을 깨달았다. 나 자신을 알기 위해서 다른 사람이 나를 봐주기를 바랐던 것이다. 난로 아래 묻혀 있던 것을 늘 밖에서만 찾아 헤맨 것이다. 내 안에 있던 것을 밖에서 찾아다닌 것이다.

갑자기 모든 게 분명해졌다. 상담치료는 올바른 장소를 파서 묻혀 있던 보물을 찾아내는 데 사용할 도구에 불과하다. 그리고 상담치료사는 이야기 속 병사와 같은 사람이다. 자기 나름의 방식으로 어디를 찾아봐야 하는지 계속해서 말해주고 밖에서 찾는 건 소용이 없다고 반복해서 말해주는 사람.

이제 혼란스럽던 머릿속이 깨끗하게 정리되었다. 이지처럼 나는 매우 운이 좋다는 생각이 든다. 내 안에 보물이 있다는 사실, 그 보물이 내내 나와 함께 있었고 앞으로도 절대로 잃어버릴 일이 없다는 사실을 마침내 깨닫게 되었다. 오랜만에 느긋한 평안이 찾아왔다.

와인 한 병
이런다고 세상이 변할까

시간이 지나면서 모든 상담이 이전 상담과 직접적으로 연결되어 있는 것처럼 느껴졌다. 마치 하나로 연결된 쇠사슬 같았다. 나는 정말 행복했다. 그리고 믿을 수 없을 정도로 많은 것들을 스스로 깨닫게 되었다.

나는 기쁨이나 슬픔, 웃음이나 울음을 통해서 나의 통찰력을 경험하는 법을 배우고 있었다. 그 어느 때보다 훨씬 더 마음속 평화에 가까이 다가갔고 영혼이 편안해졌다고 느꼈다. 그리고 나 자신의 능력에 자신감이 생긴 것이나 '행복하다'고 말할 수 있는 경험을 하게 된 것에 만족감이 컸다.

모든 것이 잘 풀려가고 있었다. 그런데 갑자기 온 세상이 여전히 완전한 무지 속에 존재하면서 고집스레 그 상태를 유지하고 있는데 나만 의구심을 내려놓는 게 무슨 소용인가 하는 생각이 들기 시작했다. 스스로가 무력하게 느껴졌다. 그리고 화가 나기 시작했다. 나는 계속 화를 냈다. 점점 더 화가 났다.

이질감이 느껴졌다. 내가 세상의 모든 사람과 다른 생각을 하는 것 같았다. 이런 식의 이질감을 어떻게든 감당한다고 해도 상황을 올바르고 명확하게 보는 사람이 이 세상에 나 한 명뿐이라면 아무 소용 없지 않은가. 설혹 그 수가 10명이나 100명이 되어도 별 다를 것이 없다.

문득 로베르토 삼촌이 생각났다. 삼촌 역시 한때는 심리치료를 받으셨다. 상담치료는 꽤 잘 진행되었다고 한다. 하지만 삼촌은 치료를 시작하고 몇 달 후에 상담치료사에게 이렇게 말했다.

"저기요. 이쯤이면 목표의 10퍼센트는 달성했다고 말할 수 있지 않을까요? 몇 달 간 상담치료를 하면서 내가 느낀 건 이래요. 나는 10퍼센트 정도의 치료 효과를 보았어요. 하지만 이전에 만나서 함께 시간을 보내던 사람들의 50퍼센트는 나와 거리를 두게 되었죠. 그러므로 대략적인 계산을 해봐도 목표한 바의 30퍼센트를 달성하고 나면 내 친구 10명 중 9명은 도망가 있을 거란 거죠. 그렇게 된다면 내가 보다 균형 잡힌 인간이 되는 일이 무슨 가치가 있겠냐는 생각이 들어요. 윌슨 없는 톰 행크스보다 더 외로워지게 되는 거잖아요. 그러니 지금까지 해주신 모든 것에 대해 감사하면서 이만 작별을 고하겠습니다."

그날 호르헤의 진료실에 들어설 때 내 심정도 딱 그랬다. 상담치료의 의미가 무엇인가에 대해 회의가 들었다. 하지만 무엇보다도 심리치료사의 사명에 대한 의구심이 크게 들었다. 뚱보 선생 문제가 아니었다. 그는 자신의 모든 행동에 대해 솔직하게 말해왔기 때문이다. 그보다는 오히려 일반적인 심리치료사들을 믿을 수 없다는 게 문제였다.

"심리치료사 한 명이 숙련되기까지 걸리는 시간은 실제로 얼마나 될까요? 선생님을 예로 들어 볼게요. 6년 동안 의과 대학에서 공부를 하고 전문의 과정으로 5년을 더 공부했죠. 그리고 대학원 과정과 심리치료사 훈련 과정을 3년 더 공부했고요. 그런 다음에는 현장에서 심리치료를 10년 동안 했잖아요. 이를 근거로 보자면 오랜 시간 공부를 하고 나서 최소한 10년은 직업적으로 심리치료를 해야 학문적 트레이닝과 현장 경험을 갖출 수 있다는 거잖아요! 누가 상상이나 할 수 있겠어요. 이걸 말하는 것만으로도 지칠 지경인데!"

"이 이야기를 왜 꺼냈는지는 모르겠지만 관련해서 한마디 더 거든다면 심리치료사의 트레이닝은 절대로 끝나는 법이 없어요. 평생 교육이죠. 영원히 계속 배워야 합니다. 그렇게 해야 하는 일이죠."

"지금 그 말은 내가 한 이야기가 맞다는 거죠? 그렇다면 직업적으로 이 일을 하면서 평생 볼 수 있는 환자는 100명 정도가 되겠네요. 그것도 선생님처럼 단기 치료를 하는 경우에나 가능한 거죠. 그렇지 않은 경우에는 총 합해서 20여 명의 환자밖에 볼 수 없다는 거잖아요. 뚱보 선생님, 이게 말이 되나요? 사회적 관점에서 볼 때 심리치료사라는 직업은 정말이지 터무니없는 것 같아요."

"데미안이 말한 것처럼 학교를 다니고 트레이닝을 받는 오랜 시간 중에는 공부 외에 다른 사람이 쓴 이야기나 구전 설화 같은 것들을 듣기도 해요. 그런 이야기를 하나 들려줄게요. 지금 상황에 도움이 될 것 같으니까요."

옛날 옛날에 왕이 살았다. 이전에 말했던 왕과는 다른 왕이다. 그가 다스리는 나라는 포도왕국이라고 불렸다. 이름처럼 왕국에는 포도원이 넘쳐났고 모든 백성들은 와인 만드는 일에 종사했다. 와인을 수출한 돈으로 포도왕국의 15000가구는 불편함 없이 살면서 세금을 내고 약간의 사치도 할 수 있었다.

몇 년 동안 왕은 왕실 재정에 대해 연구했다. 그는 공평하고 이해심 많은 통치자여서 백성들이 내는 세금을 줄일 방법을 찾기 위해서 무척 애를 썼다.

그러던 어느 날, 왕은 좋은 방법을 생각해 냈다. 세금을 아예 폐지해 버리자! 세금 대신 한 가구당 와인 1리터씩만 내게 하면 됐다. 계산을 마친 왕은 날짜를 정해 국민 모두가 그 해 자신의 집에서 양조한 와인 중 가장 좋은 와인을 1리터씩 궁전 정원으로 가지고 올 것을 명령했다. 그들이 가져온 와인은 특별히 제작한 특대형 와인통에 붓게 할 예정이었다. 이렇게 모은 15000리터의 와인을 해외로 판매하면 왕실과 공공 보건, 교육에 소요되는 비용을 충당할 수 있을 것이었다.

이 소식은 온 왕국에 빠르게 퍼졌다. 칙령이 선포되고 관련 내용이 각 도시의 주요 건물에 게시되었다. 사람들은 말로 다할 수 없는 기쁨을 느꼈다. 성은이 하해와 같았다. 모든 선술집에서는 술잔을 치켜들고 건배를 하면서 훌륭한 왕의 만수무강을 기원했다.

그러다가 드디어 백성들이 왕실 재정을 위해 와인을 가져가야 하는 날이 왔다. 한 주 내내 시장과 거리, 광장, 교회에서 주민들은 서로에게 그 날짜를 잊지 말자고 이야기하고 다짐했다. 시민의 책무를 다하는 것이 군주의 놀라운 행동에 대한 공정한 보답인 것 같았다.

드디어 당일이 되었다. 아침 일찍부터 사람들이 속속 도착했다. 손에 손에 와인 한 병씩이 들려 있었다. 한 명씩 길고 높은 계단을 걸어 올라가서 왕궁에서 준비한 거대 와인 통 앞에 섰다. 가져온 와인을 통에 붓고 반대편 계단으로 내려왔다. 계단 아래에는 재무장관이 기다리고 서서 각각의 소작농들 옷깃에 왕의 문장이 새겨진 도장을 찍어주었다.

오후 3시 정도가 되자 마지막 사람이 술병을 가지고 와서 통에 술을 부었다. 모든 사람들이 자신의 의무를 다했다는 걸 알 수 있었다. 15000리터들이 거대한 와인 통이 가득 찼다.

행사가 끝나고 궁 앞 광장에 사람들이 모였다. 왕은 궁전 발코니에 나와서 백성들의 박수갈채를 받았다. 모든 사람들이 득의만면한 웃음을 지었다. 왕은 자부심과 만족감을 느꼈다. 그는 백성들이 가져온 와인을 맛보기 위해 대대로 물려받은 아름다운 크리스털 잔을 준비했다. 와인이 준비되는 동안 왕은 백성들에게 말했다.

"포도왕국의 백성들은 정말 대단합니다. 상상했던 대로 우리 왕국의 모든 사람들이 오늘 궁전에 왔습니다. 짐에 대한 여러분의 마음과 여러분에 대한 짐의 마음이 같다는 사실을 확인하는 기쁨을 다함께 나누고 싶습니다. 오늘 모은 와인의 첫 잔으로 여러분에게 건배를 제안하는 것 이상으로 좋은 방법은 없을 것 같습니다. 이 와인은 신들이 마시는 불로장생주일 겁니다. 세상에서 가장 좋은 포도를 가지고 세상에서 가장 재주가 좋은 사람들이 담근 이 술은 우리 왕국 최고의 자랑거리인 백성들의 사랑이 담겨 더욱 맛이 좋을 것입니다."

모든 사람들은 눈물을 흘리며 왕에게 갈채를 보냈다.

하인 한 명이 왕에게 잔을 가져다주었다. 사람들과 건배하기 위해서 왕은 잔을 들어 올렸다. 사람들은 행복감에 들떠서 박수를 쳤다. 하지만 왕은 깜짝 놀라며 잔을 들어 올리던 손을 멈추었다. 잔에 담긴 액체가 무색투명했던 것이다. 왕은 천천히 잔을 코에 가져다 댔다. 왕은 와인 향과 맛에 관한 한 왕국 최고의 전문가였다. 하지만 아무런 향도 나지 않았다. 왕은 자동적으로 와인 잔을 입술에 가져가서 한 모금 마셨다. 와인 맛이 나지 않았다. 사실 아무런 맛도 나지 않았다!

왕은 다시 와인을 가지고 오라고 명령했다. 세 번째까지 무색투명한 잔을 받은 왕은 마침내 직접 와인 통으로 가서 확인해보기로 했다. 하지만 소용없었다. 모두가 똑같았다. 무색무취의 그 액체에서는 아무런 맛도 나지 않았다.

왕궁의 연금술사들을 긴급하게 소집해서 와인의 성분을 분석하도록 했다. 만장일치의 분석 결과가 나왔다. 와인 통에 가득 담긴 것은 물이었다. 다른 것이 섞이지 않은 순수한 물, 100퍼센트 물이었다.

왕은 즉시 왕국의 마법사와 현자를 모두 불러서 이 미스터리에 대한 해명을 요구했다. 어떤 주술이나 화학 작용 또는 마법이 와인을 물로 바꿀 수 있단 말인가?

가장 나이가 많은 신하가 왕에게 다가가 말했다.

"기적이요? 마법이요? 연금술이요? 그런 게 전혀 아닙니다, 전하. 그런 데서 이유를 찾으시면 안 됩니다. 백성들은 인간일 뿐입니다. 그것이면 충분한 이유가 되지요."

"무슨 말인지 이해를 못하겠소." 왕이 말했다.

"후안을 예로 들어 말씀드리겠습니다. 후안은 산에서 강에 이르는 거대한 포도밭을 소유하고 있습니다. 그가 수확한 포도는 우리 왕국 최고의 포도나무에서 얻은 것이고, 그의 와인은 가장 먼저 가장 비싼 가격에 팔립니다. 오늘 아침에 후안은 가족들과 왕궁으로 갈 차비를 하다가 문득 술병에 와인이 아니라 물을 채워 넣으면 어떻게 될지를 생각했을 것입니다. 15000리터의 와인에 물 1리터를 넣는다고 눈치챌 사람이 있을까요? 그 차이는 아무도 모를 겁니다. 그렇고말고요!

전하, 아주 사소한 일만 없었다면 정말로 아무도 눈치채지 못했을 겁니다. 그런데 그 사소한 일이란 게 바로 '모든 사람이 똑같은 생각을 했다'는 것입니다."

롱 스푼스
혼자 그리고 함께

호르헤는 매번 상담 시간을 어떻게 계산하는 걸까? 그가 이야기를 마치면 귀신같이 상담을 마칠 시간이 되어 있었다. 그리고 일주일 내내 그의 이야기가 내 머릿속을 맴돌았다. 도대체 어떻게 그렇게 하는 걸까?

이런 방식이 좋을 때도 있었다. 일주일 동안 호르헤의 이야기에 대해 생각하면서 나름의 해석을 하고 그 이야기에서 내가 얻을 수 있는 교훈이나 취할 부분이 있는지 깊이 생각하곤 했다. 하지만 이야기가 말하고자 하는 핵심을 전혀 이해하지 못할 때도 있었다. 그럴 땐 이해할 수 없는 대단한 것이 숨어 있다는 생각을 하게 되고 갈증과 조바심, 부아가 나기까지 했다.

"내가 뭘 말하려고 했는지는 중요하지 않아요. 중요한 건 그 이야기가 데미안에게 어떤 의미인가죠. 이야기의 의미는 사람마다 다르게 생각할 수 있어요. 지금 학교에 다니는 게 아니잖아요. 이건 수업이 아니에요. 이야기가 무슨 의미를 갖고 있는지 맞추는 걸로 성적을 매기려는 게 아니거든요. 제발 부탁인데 내 말은 액면 그대로 받아들이세요. 뭔가 다른 말을 하고 싶었다면 당연히 그 뭔가 다른 이야기를 했을 거예요. 자꾸 그런 생각을 하게 되면 내 이야기들은 데미안의 에고를 시험대에 올리고, 허영심을 키우는 일을 하게 돼요. '아하, 알았다! 오호라, 깨달았다! 그래, 이제는 이야기의 메시지를 찾아낼 수 있어! 이런, 나는 바보야.'라는 식으로 생각하는 거죠."

와인이 물로 변한 이야기를 듣고 나는 많은 생각을 했다. 가장 먼저 깨달은 것은 내 생각이 완전히 틀렸다는 것이다. 그런 깨달음은 안도감마저 들게 했다.

나를 비롯해서 많은 사람들이 세상을 바꾸기 위해 노력하는 건 소용없는 일이라고 생각한다. 그래서 아무런 일도 하지 않는 경우가 많다. 내가 가치 있는 행동을 한다고 해서 누가 그 차이를 알아주겠느냐는 의문을 갖는 것이다.

하지만 정말 행동에 옮긴다면⋯⋯.

그렇다. 내가 나의 생각을 행동으로 옮기고, 또 나처럼 생각하는 누군가 단 한 명만이라도 나와 같은 행동을 하고, 이런 우리를 보고 누군가가 자신도 남들과 다르게 행동할 수 있다는 걸 깨닫게 된다면 세상은 달라질 수도 있을 것이다. 다른 사람들과 다르게 행동하고 평상시와 다르게 행동한다면 모든 것은 달라질 것이다.

하지만 우리는 늘 그렇게 하지 못했다.

'내가 물 1리터를 섞은들 무슨 차이가 있겠어? 아무도 모를 거야.'라는 생각으로 사람들은 포도주 대신 물을 가져왔다.

'누가 알아주기나 해?'라는 생각으로 사람들은 서로 친절하게 대하지 않는다.

'나만 바보가 될 수는 없지.'라는 생각으로 사람들은 남을 배려하지 않는다.

'혼자 웃는 건 말도 안 되는 일이야.'라는 생각으로 사람들은 모든 걸 내려놓고 즐기지 못한다.

'누군가 먼저 시작하겠지.'라는 생각으로 사람들은 파티에서 춤을 추지 않는다.

……우리는 이미 바보다. 지금보다 더 바보가 되지 않은 이유는 바보짓을 할 시간이 충분하지 않기 때문이다. 하루가 24시간뿐인 걸 감사해야 할 지경이다.

나 자신에게 진솔해질 수만 있다면, 그렇게 되면 얼마나 좋을까. 지속적으로 자신에게 솔직할 수 있다면 나는 훨씬 더 친절하고 예의바르며 관대하고 상냥한 사람이 될 수 있을 텐데!

호르헤에게도 이런 이야기를 했다. 이 이야기를 머릿속으로 되짚어 보다가 문득 나 혼자 있는 모습이 떠올랐기 때문이다. 다른 사람들과 다르게 행동하다가 모두가 조롱하고 손가락질 하는 가운데 나 혼자 있는 상황을 떠올려 보았다. 급기야 나중에는 그 손가락질도 당하지 못하는 지경까지 이른다면 더욱 처참할 것 같았다.

"몇 년 전에 소논문 한 편을 썼어요. '분만 시 아기가 나오는 산도와 우리가 죽어서 묻히는 관은 오로지 한 사람의 신체만을 담도록 만들어진 곳이다.'라는 내용이었죠. 데미안, 그때 내가 하고 싶었던 말은 우리는 혼자 태어나서 혼자 죽는다는 것이었어요. 어찌 보면 참 끔찍한 말이에요. 나의 개인적인 성장 과정에서 깨달은 가장 가혹한 진실이었죠. 하지만 그렇기 때문에 오히려 혼자가 되는 걸 두려워할 필요는 없어요.

그리고 동시에 인생의 여정을 함께할 수 있는 사람들이 있다는 사실도 알게 되었어요. 우리 곁에는 늘 함께할 수 있는 사람들이 있어요. 잠시 동안 함께하는 사람도 있고, 오랜 시간을 함께하는 사람도 있죠. 친구들과 연인, 형제자매도 있잖아요. 이들은 평생 동안 함께인 사람들이죠."

"뚱보 선생님, 그거 아세요? 지금 이야기를 들으니 예전에 읽은 커플에 대한 어떤 글이 생각나네요.

'나보다 앞서가지 마세요, 당신을 따라갈 수 없으니까요. 내 뒤에서 오지 마세요, 당신을 잃을지도 모르니까요. 내 밑에서 걷지 마세요, 당신을 밟을지 모르니까요. 내 위에서 걷지 마세요, 나를 짓누른다고 생각하게 될 수 있으니까요. 내 옆에서 걸으세요. 우리는 평등하니까요.'"

"그래요, 데미안. 바로 그거예요. 누구도 나 대신 인생의 길을 걸어가 줄 수 없다는 걸 깨닫는 건 정말 중요하고 꼭 필요한 일이에요. 하지만 그 길을 누군가와 함께 갈 수 있다면 조금 더 완벽한 여정이 된다는 것도 역시 중요한 사실이에요. 내가 누구인지 알아냈고, 내가 독특하고 완전히 독립적인 존재란 걸 깨달았다고 해서 꼭 고독 속에서 외롭고 적막하게 살아야 하는 건 아니에요. 또 자급자족하는 삶을 살아야만 하는 것도 아니고요."

"그 말은 다른 사람 없이는 살 수 없다는 의미인가요?"

"그 '다른 사람'이 누구냐에 따라 답은 달라질 수 있죠."

세상 여러 곳을 여기저기 다닌 사람이 있었다. 그는 평생 동안 수백 개의 나라를 찾아갔다. 실제로 찾아간 경우도 있고, 상상 속에서 찾아간 경우도 있었다.

그중 가장 많이 생각나는 여행은 롱 스푼스라는 나라에 잠시 방문했던 일이다. 우연히 그 나라의 국경선에 도착했다. 포도왕국에서 파라다이스로 가는 중에 롱 스푼스를 경유하는 작은 우회로가 있었기 때문이다. 탐험을 좋아하는 남자는 새로운 길을 보고 과감하게 방향을 틀었다. 구불구불한 도로를 따라가다 보니 인적이 없는 곳에 자리 잡은 큰 집이 보였다. 가까이에서 본 대저택은 두 개의 건물로 나뉘어 있었다. 남자는 차를 세우고 집으로 걸어갔다. 현관 문에 다음과 같은 표지판이 있었다.

〈롱 스푼스〉

이 작은 나라에는 흑색과 백색 두 가지 방만 있습니다. 이 나라를 여행하기 위해서는 현관을 따라 안으로 들어가서 건물이 갈라지는 곳에 이르러 가고 싶은 방을 선택하면 됩니다. 오른쪽으로 가면 흑색 방에 머물 수 있습니다. 백색 방에 가고 싶다면 왼쪽으로 가십시오.

남자는 복도를 따라 걸어가다가 오른편으로 걸음을 옮겼다. 15미터는 족히 되어 보이는 복도를 따라 안으로 들어가니 거대한 문이 나왔다. 몇 걸음 다가가지 않았는데도 흑색 방 안에서 흘러나오는 신음 소리와 통곡 소리를 들을 수 있었다.

그 고통스러운 소리들 때문에 남자는 잠시 주저했다. 그러나 곧 하려던 일을 이어나갔다. 남자는 문을 열고 안으로 들어갔다.

거대한 테이블 주변으로 수백 명의 사람들이 앉아 있었다. 테이블 중앙에는 사람들이 상상할 수 있는 범위 안에서 가장 아름답고 진귀한 산해진미들이 놓여 있었다. 모든 사람들이 테이블 중앙의 접시에 닿을 정도로 긴 숟가락을 가지고 있었음에도 불구하고 다들 배고픔으로 죽어가고 있었다! 팔보다 두 배나 더 긴 숟가락이 손에 단단히 부착되어 있었기 때문이다. 모든 사람들이 음식을 집을 수는 있었지만 그 음식을 자신의 입으로 가지고 갈 방법이 없었다.

자포자기한 사람들은 비명을 질러대고 있었다. 필사적인 상황과 너무나 고통스러운 비명 소리를 경험한 남자는 그대로 뒤돌아서 방을 빠져나왔다.

남자는 다시 현관 복도로 와서 백색 방으로 이어지는 왼편 길을 향해 걸었다. 조금 전과 똑같은 모양의 복도를 걷다 보니 마찬가지로 흑색 방과 비슷한 문이 나왔다. 하지만 가까이 다가가도 신음 소리나 울부짖는 소리가 들리지 않았다. 잠시 망설이다 문을 열고 안으로 들어갔다.

수백 명의 사람들이 흑색 방에 있는 것과 같은 테이블에 둘러 앉아 있었다. 테이블의 중앙에는 역시나 산해진미가 놓여 있었고, 모든 사람들의 손에는 기다란 숟가락이 붙어 있었다.

하지만 누구도 울부짖거나 통곡하지 않았다. 배고픔으로 죽어가는 사람도 없었다. 모두가 서로서로 음식을 먹여주고 있었기 때문이다!

남자는 미소를 짓고 뒤로 돌아서 백색 방을 나왔다. 등 뒤로 문이 닫히는 소리가 들렸다. 그리고 다음 순간, 어찌된 영문인지 남자는 차를 타고 파라다이스로 가는 길을 달리고 있는 자신을 발견했다.

귀먹은 아내
그건 그 사람 잘못이야

하루는 진료실을 찾아가 자리에 앉자마자 이야기를 쏟아내기 시작했다. 정말 하고 싶은 말이 있었기 때문이다. 바로 여자친구와 말다툼한 내용이었다.

"가브리엘라는 미친 것 같아요."

"뭐라고요?"

"미쳤어요. 완전히 제정신이 아니에요."

"그런 생각을 하는 이유는?"

"휴가 때문에 일주일 내내 싸웠어요. 가브리엘라는 휴가 한 달 동안 쭉 우루과이에서 보냈으면 하더라고요. 가브리엘라의 부모님이 우리를 초대하셨거든요. 하지만 나는 가고 싶지 않아요. 그러느니 친구들과 아르헨티나에서 시간을 보내는 편이 낫죠. 가브리엘라도 여기에서 훨씬 더 재미있게 지낼 수 있으리란 걸 제가 알아요. 그런데도 자꾸 우루과이에 가자고 하네요. 제가 이성을 잃고 화를 내는 유일한 경우는 가브리엘라가 그렇게 막무가내로 고집을 부릴 때예요. 최악의 경우 그녀와 이야기 한마디도 나누지 못하는 지경까지 이르죠. 그럴 때 보면 가브리엘라는 정말 다른 사람의 의견을 받아들이지 못하는 사람 같다니까요."

"가브리엘라는 왜 우루과이에 가고 싶어 하는데요?"

"아무 이유 없어요. 그냥 변덕을 부리는 거죠."

"그렇지만 가브리엘라가 본인 입으로 변덕을 부리고 있다고 말한 건 아니죠? 그렇게 말했나요?"

"아니요. 그냥 정말로 우루과이에 가고 싶다고만 했어요."

"그런데 왜 그러는지는 물어보지 않았군요?"

"물론 물어봤죠. 하지만 말도 안 되는 이유를 대더라고요. 어찌나 말이 안 되는지 그 이유가 뭐였는지 기억도 안 나네요."

"데미안, 잠깐만요. 가브리엘라가 무슨 말을 했는지도 모르는데 어떻게 말이 안 된다고 단언할 수 있죠?"

"가브리엘라는 하나에 꽂히면 아무 말이나 갖다 붙이면서 이성적인 이유 같은 건 신경도 안 쓰거든요. 다른 사람이 하는 말은 뭐든지 의심하고 자기 합리화만 한다니까요."

"당신이 하는 말은 뭐든지 믿지 않는군요."

"그래요."

"그렇다면 가브리엘라도 당신 생각이 말도 안 된다고 하거나 당신이 못 말리는 고집불통이라는 식으로 말했겠네요."

"맞아요."

"그리고 뭐든 좀 하려고 하면 당신이 변덕을 부린다는 말도 했겠죠?"

"네, 그 말도 했어요. 어떻게…… 아셨어요?"

"어제 들은 우스갯소리가 하나 있는데 들어 볼래요?"

한 남자가 가족 주치의에게 전화를 걸었다.

"리카르도, 날세. 훌리앙."

"오, 이 친구야! 요새 잘 지내고 있는가, 훌리앙?"

"내가 전화를 한 건 다른 게 아니라 마리아가 걱정돼서일세."

"왜? 무슨 문제가 있나?"

"귀가 먹은 것 같아."

"귀가 먹다니 무슨 소리야?"

"정말 그렇다니까. 집에 와서 아내를 좀 봐주면 좋겠네."

"일반적으로 난청이 급성이나 돌발성으로 발생하는 경우는 없다네. 그러니 월요일에 같이 병원으로 오면 내가 살펴보지."

"이게 정말 월요일까지 기다릴 수 있는 일이라고 생각하는 건가?"

"아내가 귀가 들리지 않게 되었다는 걸 어떻게 알았나?"

"내가 불러도 답을 하지 않아서야."

"이보게. 어쩌면 청력이 아니라 다른 사소한 문제일 수도 있네. 내가 말해주는 대로 한번 해봐서 정말 귀먹은 건지 알아보게. 지금 자네는 어디에 있나?"

"침실에 있네."

"아내는?"

"부엌에 있지."

"좋아. 그럼 거기서 아내를 불러 보게."

"마리아아아아! ······이거 보게. 내 말을 듣지 못한다니까."

"좋아. 그럼 침실 문으로 가서 복도에 대고 아내를 불러 보게."

"마리아아아아! ······전혀 반응이 없어."

"알았네. 일단 너무 절망하지 말게. 복도를 따라 가면서 아내를 불러보게. 어느 정도 거리에서 들리는지 확인하게."

"마리아아아아! 마리아아아아! 마리아아아아아! 소용없어. 지금 부엌 문 바로 앞이네. 여기서는 마리아가 보이기까지 한다고. 나를 등지고 설거지를 하는 중이지만 내 말은 못 들어. 마리아아아! 아무 소용이 없어."

"더 가까이 가보게."

남자는 아내에게 다가가 한 손을 어깨 위에 올리고 입을 그녀의 귀에 가져다 댄 다음에 소리 질렀다.

"마리아아아!"

아내는 성난 얼굴로 돌아서서 남편에게 대꾸했다.

"뭐요? 뭐 때문에 그래요? 뭘 어쩌라고? 열 번이나 내 이름을 부르길래 '뭐 때문에 그러냐'고 열 번이나 대답했잖아요. 쯧쯧, 매일

귀가 안 좋아지는 모양이네. 의사한테 한번 가서 진찰을 받아봐
요……."

"데미안, 이건 심리학에서 투사$_{projection}$라고 부르는 심리 기제를
이야기한 거예요. 자신의 자아에 내재해 있으나 받아들일 수 없는
것을 다른 사람의 특성으로 돌려버리는 거죠. 자신이 화를 내는 것
은 의식하지 못하고 상대방이 화를 냈다고 생각하는 거예요. 그러
니까 다른 사람에게서 내가 신경 쓰는 요소를 볼 때마다 어느 정도
는 내 안에 그와 같은 것이 있다는 걸 기억하세요.

그러면 이제 데미안의 이야기로 돌아가 보죠. 가브리엘라가 어떻
다고 했죠? 그저 변덕을 부린다고요?"

밀가루와 설탕
뒤죽박죽 섞임 금지!

"가브리엘라는 맨날 내 친구들을 왜 소개해주지 않느냐고 불평해요. 내 대학 친구들을 만나고 싶다고 늘 말하죠. 그 소리를 신물이 나도록 듣고 있어요."

"그래서 대학 친구들을 가브리엘라에게 소개해줬어요?"

"일부러 감춰두고 그러는 건 아니에요. 거리나 파티에서 우연히 만나면 늘 소개했죠. 하지만 가브리엘라는 내 친구들을 모두 알고 싶어 해요."

"내가 제대로 이해한 거라면 데미안은 그러지 않았으면 하는 거죠?"

"그게, 뭐 경우에 따라 다르니까……."

"어떤 경우에 따라 다른가요?"

"아, 모르겠어요. 그냥 달라요. 자연스럽게 그런 상황이 되면 문제없어요. 하지만 억지로 만나게 하고 싶지는 않아요."

"지금 저랑 말장난 하는 건가요? 억지로 만난다는 게 무슨 말이죠? 대학에서 누군가 파티를 열고 초대를 하면 여자친구랑 같이 가잖아요? 그게 억지로 만나는 건가요?"

"그럼요. 가브리엘라는 그 세계에 속한 사람이 아니에요. 그곳에 있는 사람 누구도 가브리엘라를 모른다고요."

"데미안, 지금 나는 웃기지도 않은 농담을 들은 것 같군요. 나의 사촌 중에 항상 점심 전에 샌드위치를 하나 먹고, 저녁 전에 또 샌드위치를 먹는 친구가 있어요. 공복 상태로는 식사를 할 수 없다는 평계를 대면서 말이죠."

"그 웃기는 소리가 내 상황과 어떻게 연관이 있다는 건지 모르겠네요."

"그러게요. 오늘 데미안은 그 어떤 것의 연관성도 알아차리지 못할 것 같아요. 가브리엘라가 데미안의 친구들 모임에 끼어들 여지가 전혀 없다고 했잖아요. 친구들이 가브리엘라를 모른다는 이유로요. 그래서 만날 기회조차 주지 않으려고 하고 있고요……."

"……."

"데미안, 왜 그러는 거죠?"

"아예 다른 부류의 사람들이니까요……."

"왜요?"

"왜냐면 가브리엘라는……."

"왜 그러는 거죠, 데미안?"

"왜냐고요? 뒤죽박죽이 되는 걸 원하지 않기 때문이에요."

"그게 무슨 말이에요?"

"두 부류의 인간 관계가 뒤섞이는 걸 원하지 않을 뿐이에요. 장담하는데 그렇게 되면 일이 간단하지가 않다고요. 이 문제로 나를 미치게 하는 사람은 사실 가브리엘라 한 명만이 아니에요. 대학 친구들과도 이 문제로 결국 다투고 말았죠. 아무도 내가 각각의 사람들이 자기 자리를 지켜주길 원한다는 걸 이해하지 못해요. 한 무리는 여기에 있고 다른 무리는 저기에 있어야 한단 말이에요."

"궁금한 게 있는데, 대답해줘요. 이 무리와 저 무리 그리고 다른 무리의 사람들이 각기 다르다는 건 알겠어요. 하지만 그 사람들 모두 결국 데미안의 머릿속에서는 '나와 함께 어울리는 사람'이라는 카테고리로 인식되지 않나요?"

"물론 나하고는 다 어울려 다니는 사람들이죠. 하지만 외부에서는 그 사람들이 뒤섞이는 걸 원치 않아요."

"왜 뒤섞이는 게 싫죠?"

"모르겠어요. 그냥 싫어요."

"이러는 게 처음이 아니죠?"

"처음이 아니란 걸 어떻게 아셨어요?"

"예전에도 데미안을 아는 사람들끼리 뒤섞여서 어울리는 게 얼마나 걱정되는지에 대해 말한 적이 있어요."

"아, 내 가족과 친구들이 뒤섞이거나 클럽에서 만난 사람들과 대학에서 만난 사람들이 서로 얽히고설키는 문제에 대해서 말했던 적이 있는 것 같네요. 다른 사람한테는 이런 이야기를 한 기억이 없어요."

"오로지 나에게만 속한 내밀한 공간을 지키고자 하는 마음이 들 때도 있겠죠. 이해해요. 하지만 살아가면서 만난 사람들을 엄격하게 칸막이 쳐 놓고 서로 뒤섞이지 않게 하려는 건 일단 지나치게 소모적인 일이에요. 게다가 위험한 일이 될 수도 있어요."

"위험하다고요? 어떤 면에서요?"

"데미안이 경계선을 만들고 장벽을 세우는 걸 보면 사람들은 데미안의 인생에서 자신들이 차지하는 장소에 대해 의문을 품기 시작할 거예요. 그래서 데미안의 모든 걸 함께 공유할 기회를 달라고 요구하게 될 겁니다. 특히 데미안에게 중요한 것들을 나누자고 할 거란 말이죠."

"그건 그들의 문제죠. 내가 신경 쓸 일이 아니잖아요."

"그렇게 융통성 없이 굴지 말아요. 그 사람들의 문제일 수 있겠죠. 그렇지만 그들이 데미안에게 배제되고 멸시받았다며 분개하는 걸 지켜봐야 하는 건 데미안의 일이에요. 데미안이 감당해야 하는 위험 요소인 거죠. 지인들을 뒤섞이지 않게 하려다가 다른 사람에게 상처를 주는 결과를 낳을 수 있다는 거예요. 그렇게 되면 그들과 데미안의 관계도 엉망이 되겠죠. 장벽을 세우는 일이 초래할 결과예요."

"하지만 내가 친구들을 구분해 놓으려는 건 실제로 그들이 개별적으로 분리되어 있기 때문인데요."

"데미안, 나를 만나고 몇 달 후에 복학했잖아요. 그때 돈이 없는데 부모님에게 돈을 빌려달라고 하고 싶지는 않아했죠. 기억나요? 그래서 내가 돈을 빌려줄 테니 돈이 생기면 갚으라고 했잖아요?"

"네."

"그때 무슨 일이 벌어졌는지 기억해요?"

"네. 나는 돈을 빌리지 않겠다고 했죠."

"그 이유를 뭐라고 했는지도 기억하나요?"

"아니요, 기억이 나지 않는데요."

"내 제안을 받고 놀라고 감사한 마음이 들었지만 상황을 '얽히고설키게' 하고 싶지 않다고 말했어요. 어디서 많이 들어본 이야기죠?"

"좋아요. 그랬다고 쳐요. 그래도 그 말을 듣고 멸시당했다고 느끼거나 배제당했다는 식으로 생각하지는 않았잖아요."

"그러지 않았다고 어떻게 확신하죠?"

"당연히…… 그렇지 않나요……."

"거짓말을 하고 있네요. 데미안도 전혀 확신하지 못하잖아요."

"뚱보 선생님, 여기에서 당신과 함께 있으면 내 이름이 뭔지도 확신할 수가 없어요."

"데미안, 분명히 말하는데 딱 부러지게 정리하고 사는 게 좋지 않을 때도 있어요. 누군가에게 진심을 담아서 도움을 주고 싶다고 제안했는데 그 상대가 멍청하거나 자존심이 강해서 거절하면 절대로 기분이 좋을 수가 없죠. 그렇게 되면 나보고 얼른 꺼지라고 말하는 건가 하는 생각이 먼저 드니까요."

"오, 알았어요. 무슨 이야기인지."

"화제를 바꿀 겸 이야기 하나 해줄게요."

바보나 다름없는 하인을 둔 남자가 있었다. 남자는 그 멍청한 하인을 해고할 정도로 나쁜 사람은 아니었지만 그렇다고 아무 일도 시키지 않고 빈둥대게 놔둘 정도로 관대한 사람도 아니었다. (사실 바보는 아무 일도 하지 않게 놔두는 게 최선이다.) 그래서 남자는 그 하인이 조금이라도 '쓸모 있는 사람'이 되도록 아주 간단한 일거리를 종종 주었다.

어느 날 남자는 하인을 불렀다.

"가게에 가서 밀가루 한 되랑 설탕 한 되를 사오게. 밀가루는 빵을 만들 거고 설탕은 과자를 만들 것이니 두 가지가 섞이지 않게 해야 하네. 알아들었나? 두 가지가 섞여선 안 돼!"

하인은 최선을 다해서 맡은 일을 잊지 않으려 노력했다. 밀가루 한 되와 설탕 한 되. 그리고 그 둘이 섞이지 않게 해야 한다.

하인은 가게에 도착했다.

"밀가루 한 되 주세요."

가게 주인은 밀가루를 되로 퍼올렸다. 하인은 쟁반을 가지고 앞으로 나왔다. 가게 주인은 밀가루를 쟁반 위에 부어 주었다.

"그리고 설탕 한 되를 주세요." 하인이 말했다.

다시 한 번 가게 주인은 되를 들고 커다란 통에서 설탕을 퍼냈다. 그리고 쟁반 위에 설탕을 부으려고 했다.

"두 개가 섞이지 않게 해주세요!" 하인이 큰 소리로 말했다.

"그럼 설탕은 어디에 드릴까요?" 가게 주인이 말했다.

하인은 잠시 생각했다. (그로서는 쉽지 않은 일이었다.) 그리고 쟁반 아래로 한 손을 넣어 보고서 그쪽이 비어 있다는 생각을 했다. 좋아! 그 즉시 결정을 내린 하인은 "여기에 주세요!"라고 말하면서 쟁반을 뒤집었다. 그 바람에 밀가루가 바닥에 다 쏟아졌다.

하인은 쟁반에 설탕을 받아 행복한 얼굴로 돌아갔다. 밀가루 한 되와 설탕 한 되를 샀고 둘이 섞이지도 않게 해낸 것이다.

집주인은 일을 보고 돌아와서 쟁반 위에 설탕만 있는 걸 보고 하인에게 물었다. "밀가루는 어떻게 되었지?"

"두 개가 섞이지 않게 해놓았죠!" 하인은 신이 나서 대답했다. "밀가루는 바로 여기 있어요!" 하인은 재빠른 동작으로 쟁반을 뒤집었다. 이번에는 설탕이 쏟아져 버렸다.

의심하는 아들
날개는 날기 위한 것이다

내가 도착하기도 전에 호르헤가 이미 이야기를 준비해 두고 기다리는 날도 있었다. 그런 날은 다짜고짜 이야기부터 들어야 했다.

날개를 가지고 태어난 한 소년이 있었다. 소년은 장성해서 청년이 되었다. 그러자 아버지가 말했다.

"아들아, 모든 사람이 날개를 가지고 태어나지는 않는단다. 네게 꼭 하늘을 날아야 하는 의무가 있는 것은 아니지만 걸어 다니는 것으로 한계를 정해 놓는 일은 부끄러운 일이라고 생각한다. 신께서 너에게 내려주신 날개를 생각해 보면 말이다."

"하지만 저는 하늘을 나는 법을 몰라요." 아들은 대답했다.

아버지는 산꼭대기에 있는 바닥이 보이지 않는 넓고 깊은 구령 가장자리로 아들을 데리고 갔다.

"아들아, 보이니? 여기 텅 빈 공간이 있단다. 네가 날고 싶어지면 이곳으로 와서 심호흡을 하고 저 깊은 구렁으로 뛰어 내리렴. 그렇게 한 다음에 날개를 펴면 날 수 있을 거다."

아들은 의심을 품었다.

"그러다가 떨어지면요?"

"떨어진다고 해도 죽지는 않을 거야. 긁힌 상처 몇 개를 얻을 수는 있겠지. 하지만 오히려 그 일로 더 강해져서 두 번째 도전을 할 수 있을 게다."

미심쩍은 마음에 아들은 마을로 돌아가 친구들과 학우들 그리고 평생 같이 걸어 다녔던 사람들을 만났다.

소심한 사람들은 아들에게 이렇게 말했다.

"미쳤어? 뭐 하러 그런 일을 해? 네 아버지께서 실성하신 거야. 뭐 하러 하늘을 날아다니려고 해? 말도 안 되는 짓이야. 하늘을 날 필요가 어디 있냔 말이야?"

그나마 조금 더 나은 친구들은 나름의 조언을 아끼지 않았다.

"하늘을 날 수 있는 능력이 있다면 어떨 것 같냐고? 위험천만한 소리 같은데! 그래도 일단 천천히 시작해 보는 게 어떨까? 사다리나 나무 꼭대기에서 뛰어내려 보는 거야. 처음부터 산꼭대기에서 몸을 던지는 건 안 될 말이야."

청년은 사랑하는 사람들의 조언에 귀를 기울였다. 그리고 그리 높지 않은 나무 꼭대기에 올라가서 용기를 내서 뛰어내렸다. 날개를 펴고 온 힘을 다해서 펄럭여 보았지만 불행히도 땅으로 곤두박질

치고 말았다.

이마에 큰 혹이 난 아들은 아버지에게 달려갔다.

"아버지, 거짓말을 하셨네요! 저는 날 수 없어요! 시도해봤지만 결국 이런 혹만 생겼잖아요! 저는 아버지와 달라요. 제 날개는 그냥 보여주기 용이에요."

"아들아. 날기 위해서는 날개를 펴기에 충분한 공간을 확보해야 한단다. 충분히 높은 곳에서 뛰어내려야 해. 하늘을 날기 위해서는 위험을 무릅쓰는 일부터 시작해야 하는 거란다. 그럴 준비가 되지 않았다면 모든 걸 체념하고 현실에 안주하며 남은 평생 동안 걸어 다녀도 좋겠지."

혼자가 된 싱클레어

너는 누구인가

나는 내가 어떤 사람인지 알기 위해서 정말 무던히도 노력해왔다. 나 자신에 대한 모든 것을 알고 싶다는 욕망에 이끌려 많은 시간 동안 심리치료사의 도움을 받았고, 내 인생에서 벌어진 사건들과 현재와 과거의 감정, 추억에 대해서 생각했다. 그리고 호르헤에게 깨달음을 얻는 방법을 배우기 위해서도 시간을 썼다. 하면 할수록 흥미롭고 놀라운 일이다.

하지만 모든 일이 잘 풀리기만 한 것은 아니었다. 머릿속을 떠나지 않는 생각들이나 격한 감정들 때문에 낙담하고 슬퍼지는 때도 있었다.

그래서 어느 날은 이런 생각을 털어놓았다.

당시 나는 거의 모든 사람들에게 불만이 있었다. 진짜 문제가 뭔지는 알지 못했지만 다른 사람들을 도무지 믿을 수 없다는 생각에 괴로웠다. 계속해서 잘못된 친구를 사귀는 것이 문제인지 아니면 사람들이 내가 처음에 생각했던 모습과 다르다는 걸 알게 되는 게 문제인지 정확히 알 수 없었다.

친구들과의 약속 장소에서 하염없이 기다리고 있으면 시간 맞춰 나오는 친구가 한 명도 없는 경우가 비일비재했다. 또 약속 시간에 임박해서 다른 일이 생겼다며 나와 세운 계획을 취소하는 사람도 있었다.

호르헤는 조반니 파피니의 〈너는 누구인가〉라는 이야기를 각색해서 들려주었다.

싱클레어는 늘 그랬듯이 아침 7시에 잠자리에서 일어났다. 그리고 매일 하던 대로 슬리퍼를 질질 끌면서 욕실로 가서 샤워를 하고 면도를 한 다음에 연한 향수를 뿌렸다. 그런 다음에 유행에 맞는 옷을 차려입었다. 그가 상대하는 고객들도 유행하는 옷을 입고 오기 때문이다. 이제는 계단을 내려가서 우편함을 확인했다. 그 순간 그날의 첫 번째 충격적인 사건이 벌어졌다. 편지가 한 통도 없었다! 최근 몇 년 동안 그가 받는 우편물의 양은 조금씩 늘어왔다. 우편물은 그가 세상과 만나는 중요한 방법 중 하나였다. 아무런 소식도 전해 받지 못했다는 사실에 약간 짜증이 난 싱클레어는 서둘러 의사의 권장 식단인 우유와 시리얼로 아침을 먹어 치우고 집을 나섰다. 모든 것이 늘 똑같았다. 늘 보던 낡은 자동차들이 늘 보던 오래된 거리를 오가고, 도시는 언제나처럼 우르릉 소리를 내고 있었다. 광장을 가로질러 걸어가는데 엑서 교수가 이쪽으로 걸어오고 있었다. 그는 이따금씩 만나서 아무 짝에도 쓸모없는 형이상학적 개념에 대해 몇 시간 동안이나 이야기를 나누곤 하는 오래된 지인이다. 싱클레어는 손을 흔들어 교수에게 인사를 건넸다. 하지만 교수는 이미 저 멀리 걸어가 버린 후였다. 싱클레어는 그가 자신을 보지 못한 모양이라고 생각했다. 하루의 시작이 영 께름칙했는데 시간이 갈수록 일이 꼬이는 모양새가 그다지 좋게 느껴지지 않았다. 싱클레어는 집으로 돌아가 책을 읽으면서 혼자 연구를 하기로 마음먹었다. 그리고 아직 도착하지 않은 편지들이 다음 날 한가득 오는 것을 기다리기로 했다.

싱클레어는 밤새 잠을 설치고 일찍 잠자리에서 일어났다. 아침식사를 하면서도 창문 밖을 내다보면서 집배원이 도착하기만을 기다렸다. 마침내 기다리던 사람이 길 모퉁이를 돌아서 모습을 드러냈다. 싱클레어의 심장은 불규칙하게 뛰기 시작했다. 하지만 집배원은 그의 집 앞에서 발걸음을 멈추지 않고 그냥 지나쳐 갔다. 싱클레어는 밖으로 나가서 집배원을 불렀다. 정말로 그에게 온 편지가 없는지 확인해야 했다. 집배원은 싱클레어에게 온 편지가 하나도 없다고 분명하게 말했다. 우편배달에 문제가 있거나 우체국에서 파업을 한 것도 아니라는 점을 분명하게 확인해 주었다.

이 말을 들은 싱클레어는 한층 더 불안해지기 시작했다. 무슨 일인가 벌어지고 있는 게 분명했다. 싱클레어는 무슨 일인지 알아내야만 했다. 그래서 재킷을 걸쳐 입고 친구인 마리오의 집으로 향했다. 마리오의 집에 도착한 싱클레어는 집사에게 자신이 왔다는 사실을 알려달라고 부탁하고 응접실에 앉아서 친구를 기다렸다. 마리오는 곧 모습을 나타냈다. 싱클레어는 두 팔을 크게 벌리고 집 주인에게 걸어갔다. 그러자 마리오가 말했다. "선생님. 죄송합니다만, 저희가 아는 사이인가요?"

싱클레어는 친구가 농담을 한다고 생각하고 헛웃음을 지은 다음 친구에게 한잔 하러 나가자고 강권했다. 하지만 그 행동은 끔찍한 결과를 낳았다. 마리오는 집사를 불러서 이 낯선 사람을 집 밖으로 내쫓으라고 명령했다. 문제의 이방인은 그제야 상황을 파악하고 모든 자제력을 잃은 채 소리를 지르고 욕을 퍼붓기 시작했다. 그런 행동은 체격 좋은 집사가 무례한 방문객을 거칠게 거리로 내쫓을 구실이 될 뿐이었다.

집으로 돌아오는 길에 다른 이웃 사람 몇 명과 마주쳤지만 다들 그를 무시하거나 그를 낯선 사람처럼 대했다.

일이 이 지경에 이르자 싱클레어는 자신을 음해하기 위한 어떤 음모가 벌어지는 것이라는 확신을 갖게 되었다. 자신도 모르는 사이에 뭔가 반사회적인 위법행위를 저지른 건 아닌지 생각해 보았다. 그렇지 않고서야 몇 시간 전까지 그를 인정했던 사회가 순식간에 그를 부정하고 밀어낼 이유가 없었기 때문이다. 하지만 아무리 생각해봐도 불법적인 일을 한 기억이 없었다. 게다가 온 도시를 대상으로 잘못을 저지르는 건 정말 불가능한 일이었다!

그로부터 이틀이 더 지났다. 싱클레어는 집에 앉아서 오지 않는 편지를 기다렸다. 그리고 며칠째 모습을 드러내지 않는 그를 걱정하던 친구가 집으로 찾아와 문을 두드리며 어떻게 된 일인지 물어봐 주기를 기다렸다. 하지만 그를 찾아오는 친구는 한 명도 없었다. 그의 집을 찾는 방문객 자체가 한 명도 없었다. 청소를 해주는 사람마저 아무런 연락도 없이 오지 않았다. 전화벨도 울리는 법이 없었다.

그렇게 5일이 지났다. 술을 많이 마셔서 알딸딸해진 싱클레어는 늘 친구들을 만나서 이런저런 이야기를 나누었던 술집에 찾아가 보기로 했다. 술집 안에 들어서자마자 친구들이 늘 앉아 있던 구석 테이블에 있는 게 보였다. 뚱뚱한 한스는 늘 하는 농담을 했고, 모든 사람들은 언제나처럼 그 말을 듣고 크게 웃고 있었다. 싱클레어는 의자를 잡아 당겨서 친구들 곁에 앉았다. 그러자 모두가 입을 다물었다. 그가 모두에게 환영 받지 못함을 분명히 말해주는 침묵이었다. 싱클레어는 더는 참을 수가 없었다.

"나한테 불만이 뭔지 제발 이야기 좀 해주겠나? 내가 자네들을 화나게 했다면 지금 다 말하고 그걸로 털어 버리세. 제발 이런 식으로 나를 대하지 말게. 아주 미치겠어."

사람들은 놀라움과 짜증이 뒤섞인 시선을 서로 교환했다. 그중 한 사람이 검지를 관자놀이에 대고 빙글빙글 돌려댔다. 어디서 난데없이 나타난 사람의 정신 상태를 진단하는 제스처가 분명했다. 싱클레어는 다시 한 번 설명을 요구했다. 그리고 애걸하듯 부탁했다. 급기야 바닥에 몸을 내던져 친구들을 붙잡고 왜들 이러는지 이유를 알려달라고 사정했다.

친구들 중에서 단 한 명만이 그에게 말을 건넸다.

"선생님, 여기 있는 우리는 선생님을 만난 적이 없습니다. 그러니 우리에게 뭔가 잘못하셨을 수가 없죠. 저희는 선생님이 누구인지 모릅니다."

눈물이 흘러 싱클레어의 얼굴을 적셨다. 싱클레어는 술집을 나왔다. 풀이 죽을 대로 죽어서 의기소침해진 싱클레어는 축 처진 몸을 이끌고 집으로 돌아갔다. 다리가 천근만근 무거웠다.

다시 침실에 돌아온 싱클레어는 침대에 몸을 던졌다. 영문도 모르고 어떻게 된 일인지도 모른 채 싱클레어는 낯선 사람이 되어 있었다. 존재하지 않는 사람이 되었다. 항상 연락하던 사람들의 주소록에 싱클레어는 없었다. 지인들의 머릿속에서도 지워진 사람이었다. 친구들은 눈조차 마주치지 않았다. 순간 퍼뜩 떠오르는 생각이 하나 있었다. 다른 사람들이 싱클레어에게 했던 것과 같은 질문을 자기 자신에게도 하기 시작했다.

'너는 누구인가?'

그 질문에 대한 답을 싱클레어는 정말 알고 있는 걸까? 이름과 주소, 셔츠 사이즈, 여권 번호……. 그를 다른 사람에게 '정의'할 개인적인 신상 정보가 몇 가지 있지만 그것들을 제외하고 정말 내면적인 차원에서 살펴보면 싱클레어는 어떤 사람인가? 그가 좋아하는 것과 그의 태도, 성향, 생각들은 모두 그의 것이 맞는가? 어쩌면 다른 많은 것들과 마찬가지로 사람들의 기대를 저버리지 않기 위해 노력했던 모습에 불과한 것은 아닐까?

한 가지는 분명해진 것 같았다. 아무도 모르는 익명의 존재가 되자 으레 하던 격식을 갖춘 방식대로 행동할 필요가 없어진 것이다. 그가 무얼 하든 다른 사람이 그를 대하는 태도에는 달라지는 게 없었다. 며칠 만에 처음으로 싱클레어는 마음이 차분해지는 것을 느꼈다. 지금 획득한 이 새로운 신분은 세상의 눈치를 보지 않고 그가 원하는 대로 행동할 수 있게 만들어 주었다.

싱클레어는 크게 심호흡을 하면서 생애 처음으로 공기를 허파 속으로 밀어 넣는 듯한 기분을 느꼈다. 피가 혈관을 통해 빠르게 흐르는 게 느껴졌다. 심장이 뛰기 시작했다. 그리고 처음으로 놀라운 사실을 알게 되었다.

이제 나는 두렵지 않다.

혼자라는 사실을 깨닫고 나니 사실은 늘 혼자였다는 생각을 하게 되었다. 혼자 있으니 얼마든지 웃고 얼마든지 울 수 있었다. 이제 싱클레어는 그 모든 일을 다른 사람이 아닌 자기 자신을 위해서 할 것이다. 비로소 싱클레어는 깨달았다.

나는 다른 사람에게 매여 있는 존재가 아니다.

싱클레어는 혼자 있어야 비로소 자신을 발견할 수 있다는 걸 깨달았다.

싱클레어는 평화로운 숙면에 빠져들었다. 그리고 아름다운 꿈을 꾸었다.

아침 10시에 눈을 떴다. 창문으로 햇살 한 줄기가 들어와 침실을 비춰주고 있었다. 그 시간에는 태양빛이 침실을 가득 채운다.

몸을 씻지 않은 채로 한 번도 들어보지 못한 콧노래를 부르면서 아래층으로 내려갔다. 문 아래 뭔가가 있었다. 그에게 온 수많은 편지들이었다. 청소해주는 사람이 주방에서 그를 반겨주었다. 마치 아무 일도 없었던 것만 같았다.

밤에는 술집에 갔다. 아무도 최근에 벌어졌던 이상한 사건을 기억하지 못하는 것 같았다. 최소한 그 일에 대해 말하는 사람은 한 명도 없었다. 모든 것이 평상시와 같았다. 하지만 싱클레어는 똑같지 않았다.

이제 싱클레어는 자신이 살아 있다는 사실을 알기 위해서 다른 사람에게 자신을 봐달라고 구걸하지 않을 것이다. 외부 세계에게 자신을 규정해달라고 부탁하는 일도 하지 않을 것이고, 사람들에게 거절당하고 배제당하는 것을 두려워하지도 않을 것이다.

모든 것은 똑같았지만 자신이 누구인지 잊지 않겠다고 결심한 한 사람만은 이제 예전과 똑같지 않았다.

"이건 당신의 이야기이기도 해요, 데미안." 뚱보 선생은 말을 이었다. "평생 다른 사람들에게 인정받는 것에 의지하고 살아온 거예요. 은연중에 사람들에게서 버림받을까 두려워하면서 살아온 겁니다. 사실 그건 다른 사람들도 마찬가지예요. 이런 생각을 하도록 계속 배워왔기 때문이죠.

두려움을 느끼지 않기 위해 우리가 지불한 대가는 복종입니다. 다른 사람들 특히 우리를 많이 사랑하는 사람들이 우리에게 어떤 사람이 되어야 한다고 압박한 것을 그대로 따르고 우리의 행동과 생각도 그에 맞춰 복종해왔던 거예요. 하지만 그건 진짜 우리의 모습이 아니니 언젠가는 어긋나게 됩니다.

싱클레어처럼 운 좋게 어느 시점에 온 세상이 등을 돌려 버리면 다른 사람의 기대와 말을 따르려던 노력이 얼마나 부질없는 짓이었는지를 깨닫게 되죠."

하지만 싱클레어처럼 운 좋게 일이 풀리지 않고
인정을 받기 위해 비위를 맞춰야만 하는 '불운'을 맞이하게

된다면

그때는 모든 것이

자유가 무엇인지 인식하느냐 못하느냐의 문제로 귀결된다.

우리는 선택을 해야 한다.

복종이냐 고독이냐

강요받고 복종하는 나와

다른 사람에게 아무것도 아닌 존재가 되는 것 사이에서

우리는 붙잡혀 있다.

고독을 선택하는 바로 그 순간부터

우리는 진실로 혼자 있을 수 있고

온전히 자기 자신을 위해 살 수 있게 된다.

두 수도승의 강 건너기
도망치고 싶은 일

"오늘은 기분이 정말 좋지 않네요!"

"왜요? 뭐가 문제죠?"

"그게 말이에요. 같이 수업을 듣는 친구가 노트가 필요하다고 해서 그 친구 집에 가져다주기로 했거든요. 그런데 그 친구가 정말 멀리 살아요."

"데미안, 그건……."

"네, 알아요." 나는 호르헤의 말을 가로막았다. "내가 '해야만 하는 일' 같은 건 없다고 말하려는 거잖아요. 내가 뭔가를 한다면 그건 하고 싶어서 하는 일이어야 하고요. 모든 게 내게 달린 거라는 거 나도 알아요."

"잘 아네요. 다 선택의 문제예요."

"네. 제가 선택한 일이 맞죠. 하지만 의무인 것처럼 느껴지는 건 어쩔 수 없네요."

"좋아요. 지금 의무감이 든다는 데미안의 말에는 아무런 의문도 제기하지 않겠어요. 그리고 왜 그런 의무감을 느끼는지도 묻지 않을게요. 하지만 왜 의무감을 느끼는지 본인도 모르는 게 아닌가 하는 질문을 하고 싶군요."

"왜 의무감을 느끼는지는 알아요. 후안은 정말 좋은 친구고 내가 필요한 게 있을 때마다 나를 도와줬거든요. 그러니 그의 요청을 거절할 방법이 없어요."

"방법이 없다고요? 방법은 늘 있어요. 문제는……."

"문제는 후안이 나를 어떻게 생각할지가 걱정된다는 거죠."

"아니요. 그것보다 더 나쁜 경우예요. 데미안이 스스로에 대해 어떻게 생각하게 될지 걱정하고 있잖아요."

"내가요?"

"그 친구에게 노트를 가져다줄지 여부와 상관없이 그 일을 하기 싫어한다는 것만으로도 벌써 자신이 바보 같다고 생각하고 있는 거 아닌가요?"

"……네. 그런 것 같아요."

"그게 바로 죄책감 문제라는 거예요. 데미안, 그거 알아요? 사람들이 하루에 열두 시간은 자신이 처한 상황에 괴로워하며 스스로를 비참하게 만들고, 나머지 열두 시간은 해야만 하는 모든 일에 대해 불평을 함으로써 다른 사람들도 비참하게 만든다는 걸."

"뭐, 그렇겠죠. 대단하세요. 지금 내가 알고 있는 건 내가 아무것도 모른다는 사실뿐이네요."

"그런 식으로 생각하는 게 더 나을지도 모르겠네요. 아무것도 모르면 배울 게 더 많아지는 거니까."

호르헤가 이런 식으로 철학적이면서 역설적인 분위기를 조성할 때면 이 모든 이야기가 나에게 하는 것인지 아니면 그저 내 앞에서 인류의 미래에 대해 큰소리로 말하고 있는 것인지 구분할 수가 없다. 이런 상황은 나를 정말 미치게 한다.

그가 이런 일을 하는 게 자신을 위한 것인지 나를 위한 것인지 아니면 학문의 일환으로 그러는 것인지도 알 수 없었다. 하지만 그 어떤 경우라도 시간이 지나면 이 이야기가 나에게 도움이 될 게 분명했다. 그럼에도 불구하고 당시는 그저 도망치고 싶다는 생각만 하게 된다. 상담치료며 개인적 성장이며 다 때려치우고 싶다. 그저 그 자리를 벗어나 도망치고만 싶다.

차마 그렇게 하지 못한 것은 그런 생각을 실천에 옮겼던 과거에 더 처참한 결과를 맞이했기 때문이다. 물리적으로 그 자리에서 벗어난다고 해도 혼란스러움은 내 곁을 떠나지 않는다. 그런 혼란스러움을 말끔하게 정리하기 전까지는 어디로도 도망칠 수가 없었다.

그날 호르헤가 해준 이야기는 중간에 포기하고 도망치지 않는 것의 중요성과 문제를 해결하지 않은 채로 놔두는 것의 위험성을 일

깨워 주었다. 지금도 잊지 않고 가끔 떠올리는 이야기다.

옛날에 두 명의 수도승이 있었다. 두 사람은 숲을 지나 절로 돌아가는 길이었다. 한참을 걸었는데 강이 앞을 가로막았다. 강가에 한 여자가 쭈그리고 앉아서 울고 있었다. 젊고 매력적인 여자였다.

"무슨 일이 있습니까?" 나이 많은 수도승이 여자에게 물었다.

"어머니가 돌아가시게 생겼는데 집에 혼자 계세요. 집이 강 건너에 있는데 저는 건널 수가 없네요. 노력해 보았지만 물살이 워낙 거세서 혼자서는 강 건너편으로 갈 수 없어요." 여자는 말을 이어갔다. "하지만 두 분 스님이 이렇게 오셨으니 이제는 강을 건널 수 있겠네요."

젊은 수도승이 답했다. "도와드리고 싶지만 아가씨를 업고 강을 건너는 방법밖에 없는 게 문제네요. 저희는 수도자로서 서약을 했기 때문에 이성과 신체 접촉을 일체 할 수가 없습니다. 그런 일은 금지되어 있지요. 유감입니다."

"그렇군요. 네, 알겠어요." 여자는 절망하며 계속 울었다.

그때 나이 많은 수도승이 무릎을 꿇고 고개를 숙인 후 말했다. "올라타십시오."

여자는 믿을 수가 없었다. 하지만 재빨리 가방을 집어 들고 수도승의 어깨 위에 올라앉았다.

나이 많은 수도승은 힘겹게 강을 건넜고 젊은 수도승이 그 뒤를 따랐다. 강 건너편에 도착하자 여자는 수도승의 어깨에서 내려와 그의 손에 입맞춤하기 위해 다가갔다.

"괜찮아요. 괜찮습니다." 나이 많은 수도승은 손을 잡아 빼면서 말했다. "가던 길이나 어서 가십시오."

여자는 머리를 조아리며 인사를 하고 마을로 향한 길을 뛰어갔다.

두 수도승은 아무런 말도 하지 않고 절로 가는 길을 걸었다. 열 시간은 더 걸어야 했다.

절에 도착하자 젊은 수도승이 나이 많은 수도승에게 말했다.

"스님, 서약에 관해서는 저보다 더 잘 알고 계시지 않습니까? 그런데 어째서 그 여자를 어깨에 태우고 강을 건너셨나요?"

"내가 여자를 강 건너편으로 데려다준 건 사실이지. 그런데 자네는 그 여자를 아직도 등에 지고 있으니, 이게 어떻게 된 일인가?"

마하라자의 지혜
선물인가 빚인가

"데미안, 친구에게 노트를 가져다준다면 그건 정말 좋은 일일 거예요. 그 일을 그냥 하는 게 아니라 정말로 행복한 마음으로 한다면 더욱 이상적이겠죠? 신이 나지 않는 건 어쩌면 그럴 수 있다고 쳐도 그 일로 기분이 나빠졌다면 그건 문제죠. 그런 경우라면 데미안이 가져다 준 노트로 친구 후안이 공부를 한다고 해도 시험을 통과하지 못할 수도 있어요!"

"그게 무슨 관련이 있죠?"

"관련 없죠. 그냥 농담으로 한 말이에요. 기분이 나쁘다기에 좀 웃으라고."

"왜 자꾸 그 이야기로 신경을 긁는지 모르겠네요. 어찌되었거나 노트는 가져다 줄 거라고 했잖아요!"

"그 이야기를 자꾸 꺼내는 건 이런 상황이 결국 어떻게 마무리될지 생각해 보라는 의미죠. 이야기 하나 해줄까요?"

옛날 옛날에, 매우 현명하다고 소문이 난 마하라자가 있었다. 그는 100세 생일을 눈앞에 두고 있었다. 존경하는 대왕의 100세 생일 소식은 사람들을 기쁘게 했다. 모든 사람들이 그를 매우 사랑했기 때문이다. 사람들은 대왕의 생일날 궁에서 성대한 파티를 열기로 하고 왕국과 이웃 나라에서 권세 있는 사람들을 모두 초대했다.

생일 당일, 연회장 입구에는 생일 선물이 산처럼 쌓였다. 마하라자는 연회장에서 손님을 맞이했다.

만찬을 나누는 동안 마하라자는 하인들에게 선물을 준 사람의 이름이 적혀 있는 것과 익명으로 온 선물을 구분해 놓게 했다.

디저트를 먹을 때가 되자 왕은 두 무더기로 나눈 선물을 가지고 오게 했다. 한쪽에는 크고 비싼 선물이 수백 개 놓였고 다른 한쪽에는 작은 선물 십여 개가 놓였다.

마하라자는 첫 번째 선물 무더기에서 선물을 꺼내서 개봉하기 시작했다. 그리고 선물을 보낸 사람의 이름을 호명한 후 말했다.

"선물을 주셔서 감사합니다. 이제 이 선물을 돌려드립니다. 그래도 우리 사이는 예전과 다름이 없습니다."

다른 선물도 내용물과 상관없이 모두 보낸 사람에게 돌려주었다.

첫 번째 선물 무더기를 다 열어본 왕은 두 번째 선물 무더기가 있는 곳으로 가서 말했다.

"이 선물에는 보낸 사람의 이름이 없습니다. 이 선물들은 받겠습니다. 나에게 뭔가를 강요하지 않는 선물이니까요. 내 나이쯤 되면 신세를 지는 게 현명하지 못한 일이란 걸 알게 됩니다."

"데미안, 뭔가 받을 때는 그것이 되갚아야 할 빚이 될 수 있다는 걸 염두에 두도록 해요. 그리고 그런 생각이 드는 경우에는 받지 않는 게 좋아요.

하지만 아무런 대가를 기대하지 않고 줄 수 있거나 신세를 진다는 느낌 없이 받을 수 있다면 그때는 선택을 해요. 줄까 말까. 받을까 말까. 그렇게 하면 절대로 빚진 것 같은 마음이 들지 않을 거예요. 무엇보다 다른 사람도 신세를 졌다며 갚겠다고 할 일이 없을 거예요. 왜냐하면 아무도 당신에게 빚을 지지 않았기 때문이죠."

호르헤가 말을 마칠 즈음에는 나쁜 기분이 다 사라져 있었다. 나는 친구에게 노트를 가져다줘야 할 의무가 없다는 사실을 깨달았다. 후안이 대가를 바라고 나를 도와준 게 아니라는 걸 알고 있었다. 나는 그에게 빚진 것이 없다. 그러면 내가 원하는 일을 하면 되는 것이다.

나는 호르헤에게 작별 인사를 하고 진료실을 나와서 후안에게 노트를 가져다주려고 길을 나섰다.

석가모니를 찾아서

모두 각자의 높이로 날아오른다

가끔씩 게슈탈트 심리학의 철학적 전제가 너무 자기중심적인 게 아닌가 하는 생각이 들었다. 그 이데올로기를 따르면 너무나 많은 자유가 보장되어서 누구라도 전 인류를 망쳐놓을 수도 있겠다 싶었다. 게슈탈트 심리치료에서는 그런 것도 괜찮다고 말했다. 평생 동안 자기 생각에 빠져서 살아도 아무런 문제가 아니라고 하기까지 한다.

요약하면 교육에 의해서 우리 안에 주입된 긍정적인 태도는 게슈탈트 심리학에서는 전혀 가치 있는 것으로 평가 받지 못한다는 말이다. 제멋대로 하는 게 중요하다는 식이다.

그래서 나는 뚱보 선생에게 이와 관련한 질문을 던졌다.

"맞는 말이에요. 그렇게 보일 수도 있죠."

"그럼 정말은 그렇지 않다는 건가요?"

"아니. 정말 그래요. 정말 그런 거니까 그렇게 보이는 거죠."

"허, 아주 재미있는 말장난이네요!"

"진지하게 말하는 중인데. 게슈탈트가 원래 그런 식이에요. 그러니까 게슈탈트에 관해서 말해줄 수는 없어요, 다만 내 생각을 말해줄 수는 있어요. 제멋대로 하는 게 게슈탈트라고 하면 중요한 건 어차피 내가 어떻게 생각하느냐니까. 나는 그게 맞다고 생각해요. 모든 개인은 자신의 참모습대로 행동해야 한다는 거죠. 그 '참모습'이라는 게 '똥'처럼 정말 형편없더라도 말이죠."

"그렇다면 똥에 둘러싸여서 살아도 좋다는 말인가요?"

"아니요. 하지만 우리의 참모습 그대로 살아간다면 어떤 일이 벌어질지 상상해 봐요. 우리가 어떤 사람인지에 충실한 그런 삶을 그려 봅시다. 형편없는 사람들은 계속 형편없이 살아가겠죠. 이 새로운 삶의 방식이 그들을 달라지게 하지는 않을 거예요. 하지만 그동안 사회에서 강요하는 대로 자신보다 나은 사람이 되려고 애를 쓰던 사람들이 자신의 참모습대로 형편없이 행동하게 되면 무척 기분이 좋을 거란 말이에요. 기분 좋은 사람이 되는 거죠. 이런 예가 충분하지 않다면 이번에는 마음이 정말로 착한 사람들의 경우를 생각해 봅시다. 그런 사람들은 자기 자신이 정말 착한 사람인지에 대해 의구심을 갖는 일을 그만두고 많은 시간을 선행을 베푸는 데 사용하게 되겠죠."

"하지만 결국에는 현재 상태보다 더 나아지는 게 전혀 없다는 거잖아요."

"그렇지 않아요. 우리는 더 나아져야만 한다고 교육받아 왔죠. 하지만 나는 그런 생각에서 벗어나야 한다고 생각해요."

"그런 생각에서 벗어나면 어떻게 되는데요?"

"그렇게 되면 아주 유용하고 실용적인 삶을 살게 될 거예요. 사람들에게 무언가 사회가 정해놓은 것을 이루어야 한다고 강요해서는 안 돼요. 그건 강물을 밀어서 흐르게 하겠다는 것과 같은 일이니까요. 그렇게 해봐야 아무런 힘도 발휘하지 못해요."

"하지만 그렇다고 인정하면 어떤 사람은 태생적으로 남들보다 더 훌륭하다는 걸 의미하는 거잖아요. 그리고 이기심이 있으면 연대 의식이 있고, 선이 있으면 악이 있다고 말하는 거고요."

"그럴 듯하네요. 하지만 우리가 각자 다른 높이로 날아간다고 생각하면 좋을 것 같아요. 우리는 걸어 다니면서 살아가고 있지만 몇몇 사람은 정말로 하늘을 날기도 한다고 보는 거죠. 아주 높은 곳에서 나는 사람도 소수지만 몇 명 있을 거예요. 그런 사람은 현자라고 볼 수 있겠죠. 그리고 불행하게도 무거운 다리를 질질 끌면서 걸어 다니는 사람도 있겠죠. 그런 사람들은 고개를 들어 하늘을 바라보는 것도 하지 못할 거예요. 데미안이나 내가 '나쁜 사람'이라고 부르는 이들이 여기에 해당하겠죠.

우리 모두가 날개를 지니고 있지 않다는 걸 인정하면 각자의 길을 받아들일지 아니면 높은 곳으로 올라가려는 시도를 할지 스스로 선택할 수 있게 되잖아요. 물론 여전히 정신 나간 짓이라고 불리는 경우도 있겠죠. 어떤 사람들은 날아오르려는 시도를 하기보다는 기어오르는 일에 모든 에너지를 써서 올라가려고 할 테고, 또 믿기 어렵겠지만 평생 동안 자기 자신을 땅 속에 깊이 파묻으면서 어떤 답을 찾겠다고 하는 사람도 있을 거예요."

"그 모든 건 목표를 얼마나 높이 생각하느냐에 달린 일인 것 같은데요."

"그건 나도 잘 모르겠네요. 이야기 하나 해줄게요."

석가모니가 온 세상을 순례하며 사람들에게 진리를 전해 주던 때의 이야기다.

석가모니가 가는 곳에는 어김없이 그의 말을 듣고자 하는 사람들이 몰려들었다. 모두가 석가모니를 만지고 그의 이야기를 듣고 그를 볼 수 있는 유일한 기회를 놓치지 않으려 했다.

석가모니가 곧 발리에 도착한다는 소식을 들은 수도승 네 명은 노새에 짐을 싣고 길을 나섰다. 석가모니의 높은 가르침을 받고자 했다. 일이 잘 풀린다면 몇 주면 목적지에 닿을 수 있을 것이다.

그중에는 발리로 가는 길을 잘 모르는 이도 있었다. 그는 느린 걸음으로 다른 사람을 따라가기만 했다.

3일 정도 여행을 한 네 사람은 갑작스러운 폭풍우를 맞이하게 되었다. 수도승들은 폭풍우가 잠잠해질 때까지 머물 은신처를 찾아 마을에 도착했다. 하지만 걸음이 가장 느린 수도승은 마을에 도착하지 못해서 마을 외곽에 있는 양치기의 집에서 쉴 곳을 청해야 했다. 양치기는 수도승에게 쉴 곳을 내어주었다. 하룻밤 먹을거리도 주었다.

다음날 아침 걸음이 느린 수도승은 길을 떠나기 전에 양치기에게 작별 인사를 하러 갔다. 그런데 목초지는 비어 있고 저 멀리에서 양치기가 폭풍우에 놀란 양들을 모으는 데 애를 먹고 있는 게 보였다.

수도승은 일행이 이미 마을 밖으로 나갔을 것이란 사실을 알고 있었다. 빨리 길을 떠나지 않으면 많이 뒤처져서 일행을 따라잡을 수 없을 게 분명했다. 하지만 자신에게 도움을 준 양치기가 어려움을 겪는 걸 보고도 모른 체할 수는 없었다. 그래서 더 머물면서 양치기가 흩어진 양을 다 모을 때까지 돕기로 했다.

모든 일을 마무리하는 데는 사흘이 걸렸다. 다시 길을 나선 수도승은 일행을 따라잡기 위해 최대한 바삐 걸었다.

앞서 간 수도승들의 행적을 뒤따르던 그는 중간에 물을 얻기 위해 한 농장에 잠시 들렀다. 여자 한 명이 우물이 있는 곳을 알려주었다. 그러면서 작물을 계속 추수해야만 해서 직접 안내할 짬이 없다고 했다. 수도승은 노새에게 물을 먹이고 가죽 부대에도 물을 채워 넣었다. 돌아가는 길에 마주친 여자는 남편이 죽은 후로 어린 자녀들과 추수를 하는데, 일이 너무 더디다고 푸념했다. 시기를 놓치면 농작물은 먹을 수 없게 된다.

수도승이 살펴보니 여자와 아이들 만으로는 아무리 애를 써도 때에 맞춰 수확하지 못할 것 같았다. 하지만 이곳에 더 머물면 앞선 일행의 행적을 놓칠지도 몰랐다.

'뭐, 며칠이면 끝나겠지.'

석가모니가 발리에서 몇 주 정도 머물 것이란 사실을 알고 있던 수도승은 나름 계산을 해보았다.

하지만 추수하는 데 3주가 걸렸다. 수도승은 추수를 마치자마자 다시 길을 나섰다.

가는 도중에 석가모니가 발리를 떠났다는 걸 알게 되었다. 석가모니는 북쪽 마을로 갔다고 했다. 그래서 수도승은 방향을 바꿔서 새로운 마을을 향해 걷기 시작했다.

아슬아슬하긴 했지만 별일이 없었다면 그 마을에서 석가모니를 만났을 것이다. 하지만 가는 길에 급류에 휩쓸려 떠내려가는 노부부를 구해야 했다. 그의 도움이 없었다면 노부부는 죽을 수밖에 없었다. 노부부가 기운을 회복하자 수도승은 다시 길을 나섰다.

그로부터 20년 동안 걸음이 느린 수도승은 석가모니의 행적을 따라 여행했다. 번번이 석가모니와 가까워질 만하면 꼭 일이 생겨서 걸음을 늦추게 되었다. 수도승 앞에는 늘 도움이 필요한 사람이 나타났고, 그 바람에 시간을 맞추지 못하곤 했다.

마침내 수도승은 석가모니가 고향 마을로 간다는 소식을 듣게 되었다. 이번에는 죽기 위해서 간다고 했다.

"이번이 마지막 기회야." 수도승은 혼잣말을 했다. "석가모니를 만나지 못한 채 죽고 싶지 않아. 더는 옆길로 새지 않겠어. 석가모니가 세상을 떠나기 전에 그를 만나는 일보다 더 중요한 일은 없어. 이건 내 삶의 목표야. 다른 사람을 도와줄 시간은 나중에도 많을 거야."

마지막 노새와 자신의 변변찮은 물건을 챙긴 수도승은 다시 한 번 길을 떠났다.

석가모니가 온다는 마을에 도착하기 전날 밤, 수도승은 상처 입고 길에 쓰러져 있는 사슴에게 발이 걸려서 넘어질 뻔했다. 수도승은 사슴을 돌보고 물을 먹인 다음에 상처 부위를 깨끗한 진흙으로 발라 주었다. 사슴은 죽음의 문턱에 걸쳐 있는 듯했다. 숨을 거칠게 내쉬면서 더 많은 공기를 들이마시기 위해서 악전고투하고 있었다. '누군가 이 사슴 곁에 있어줘야 하는데.' 수도승은 생각했다. '그래야 내가 길을 갈 수 있는데.'

하지만 주변에는 아무도 없었다.

수도승은 다시 길을 떠나야 하므로 조심스러운 손길로 편히 쉴 만한 공간으로 사슴을 옮겨 주었다. 사슴의 주둥이가 닿을 만한 곳에 물과 먹을 것도 가져다 놓고 그곳을 떠났다.

하지만 두 걸음을 채 가지 못해서 걸음을 멈추었다. 불쌍한 생명이 혼자 죽어가도록 내버려 둔 채로 석가모니를 만나러 갈 수는 없었다……

그래서 수도승은 노새에 얹었던 짐을 풀고 사슴을 보살피며 그곳에 머물렀다. 밤새도록 잠이 든 사슴을 지켜보면서 부모가 어린 자식을 돌보듯이 보살폈다. 조심스럽게 입에 물을 부어주고 머리에 올린 물수건도 갈아주었다.

새벽이 올 무렵 사슴은 기운을 회복했다. 사슴의 표정도 편안해졌다. 수도승은 사슴이 있는 곳에서 조금 벗어난 곳에 주저앉아 슬피 울기 시작했다. 결국 마지막 기회마저 놓쳐버렸다.

"석가모니시여, 영영 당신을 뵙지 못하는군요." 수도승은 한탄하며 말했다.

"나를 찾아다니는 일은 이제 그만두어라." 수도승의 뒤에서 목소리가 들려왔다. "너는 이미 오래 전에 나를 찾았느니라."

수도승은 뒤를 돌아보았다. 사슴의 몸이 빛나는가 싶더니 부처의 형상을 갖추었다.

"오늘 밤 이곳에서 죽어가는 나를 버리고, 저 먼 도시의 석가모니를 찾아 떠나갔다면 너는 영영 나를 잃었을 것이다.

저 먼 도시에서 내가 죽는 것을 두려워하지 마라.

네가 있음으로 부처는 죽지 않는다. 평생 부처의 길을 따르며, 타인의 고통을 나누고, 그들을 위해 희생하는 너와 같은 이가 존재하는 한 부처는 영원히 존재할 것이다. 그것이 바로 부처니라. 부처는 네 안에 있느니라."

"알 것 같아요. 이론적으로 높은 목표가 좋은 동기가 될 수도 있지만, 목표 자체에 집착하면 오히려 진짜 가치를 잃어버릴 수도 있다는 거잖아요. 자기 자리에서 노력하는 것으로도 높은 목표를 이룰 수 있는데."

"그렇죠. 이 이야기가 도움이 된 것 같군요."

최선을 다한 나무꾼
휴식이 필요한 때

"뭐가 잘못된 건지 도통 모르겠어요, 선생님. 대학생활이 전혀 만족스럽지 않아요."

"좀 더 자세히 말해 봐요."

"제 성적이 계속 떨어지고 있어요. 대개는 B와 B 플러스를 받았고, 가끔은 A 마이너스를 받기도 했는데 최근 시험에서 C 이상을 받지 못했어요. 왜 그런지는 모르겠지만 그냥 공부가 잘 안 돼요. 집중도 안 되고 공부를 해야 할 이유도 모르겠어요."

"데미안, 휴식이 필요한 것 같네요."

"뭐, 여행 계획이 있기는 해요. 하지만 학기를 마치려면 아직도 2개월이 남았어요. 그 전에는 쉴 수 없어요. 갑자기 학교를 때려치울 수는 없으니까."

"때로 문명의 발전이 우리를 미쳐서 뛰어다니게 만드는 것 같아요. 우리는 한밤중에 잠들어서 아침 8시에 일어나죠. 12시에서 1시

사이에는 점심을 먹고, 저녁 7시에서 8시 사이에 저녁을 먹습니다. 우리의 모든 활동은 시계에 맞춰져 있지 자연적인 욕구를 따르지 않아요. 꼭 필요한 경우도 있겠지만 이런 기준을 따르는 게 말이 되지 않는 경우도 있다고 생각해요."

"그렇게 말씀하셔도 지금 당장 학교를 쉴 수는 없어요."

"그렇지만 계속 지금처럼 하면 점점 안 좋은 성적을 받게 될 거라고 본인이 말하지 않았나요."

"뭔가 다른 방법이 있겠죠! 다른 방법을 찾아볼게요."

옛날 옛날에 나무꾼이 있었다. 그는 새로운 일자리를 구하기 위해 낯선 목재 제재소를 찾았다. 그곳은 이전에 다니던 곳보다 급여 수준도 좋고 작업 환경은 더 좋아서 나무꾼은 어떻게든 좋은 인상을 주고 싶었다.

첫째 날, 조장은 도끼를 주면서 숲에서 일할 장소를 지정해 주었다. 신이 난 나무꾼은 숲속으로 들어가서 나무를 베었다. 그는 하루 동안 열여덟 그루의 나무를 베어냈다.

"잘했네." 조장은 나무꾼에게 말했다. "계속 그렇게만 해주게."

조장의 격려에 고무된 나무꾼은 더 열심히 일하기로 마음먹었다. 다음 날 아침 나무꾼은 누구보다 일찍 일어나서 숲속으로 갔다. 하지만 최선을 다해 노력했음에도 불구하고 나무를 열다섯 그루밖에 베어내지 못했다. '내가 피곤했던 모양이야.' 나무꾼은 생각했다. 그래서 해가 떨어지자마자 잠자리에 들었다.

다음 날 동이 트자마자 일어난 나무꾼은 오늘은 열여덟 그루를 베어낸 자신의 기록을 기필코 깨리라고 마음먹었다. 하지만 굳은 결심에도 불구하고 그날은 아홉 그루밖에 베지 못했다.

그 다음 날 나무꾼은 겨우 일곱 그루의 나무를 베어낼 수 있었다. 또 그 다음 날은 다섯 그루가 전부였다. 마지막 날에는 겨우 두 번째 나무를 베느라 오후를 다 보내 버렸다.

조장이 뭐라 말할지 걱정이 된 나무꾼은 먼저 조장을 찾아가서 어떻게 된 일인지 알리고 자신은 뼈 빠지게 일했노라고 맹세했다.

조장이 물었다. "도끼날을 마지막으로 간 게 언제였나?"

"날을 갈아요?" 나무꾼은 되물었다. "도끼날을 갈 시간이 없었습니다. 나무를 베느라 바빴으니까요."

"데미안, 점점 안 좋아질 거라면 애초에 그렇게 큰 노력을 쏟아붓는 게 다 무슨 소용이 있겠어요? 노력을 기울여야 하는 일일수록 회복 시간을 충분히 가져야 최선의 결과를 볼 수 있다고 생각해요.

휴식을 취하거나 아예 다른 일을 해보거나, 일을 하는 방식을 바꾸는 것 등은 우리의 연장을 날카롭게 연마하는 방법이에요. 하지만 억지로 뭔가를 계속하는 건 오직 투지로 무능함을 보상하려는 헛된 노력에 불과합니다."

26

암탉과 아기 오리들

아빠는 나를 이해 못해

나는 그동안 부모님과 말다툼을 많이 했다. 두 분은 나를 잘 몰랐다. 부모님과 나의 의견을 완전히 일치시키는 건 불가능해보였다. 특히 아버지의 경우가 더 어려웠다.

예전에 나는 늘 우리 아버지가 굉장히 멋진 사람이라고 생각했다. 하지만 어느 때부터인가 아버지는 나를 바보처럼 대하기 시작했다. 내가 하는 일은 매사가 틀렸고 어리석으며 위험하다는 식이었다. 늘 나를 탐탁치 않아 했다. 아버지에게 내가 뭔가를 설명하려고 할수록 상황은 더 악화되었다.

"······그래도 나는 우리 아버지가 완전한 바보 멍청이로 변했다는 사실을 믿지 않으려 무던히도 애를 썼어요."

"아버님이 바보 멍청이가 되셨다는 말은 믿을 수가 없는데."

"하지만 바보 멍청이 같은 행동을 하시는걸요. 말도 못하게 시대에 뒤떨어진 사상만 고수하고 계시죠. 우리 아버지는 그렇게 나이가 많지도 않은데 말이죠. 정말 이상한 일이에요."

"이야기 하나 들어 볼래요?"

"이야기 하나 들어 보죠."

옛날에 오리 한 마리가 있었다. 어느 날 오리는 알 네 개를 낳았다. 오리가 알을 품고 있는데 여우가 둥지를 습격해서 엄마 오리를 죽였다. 하지만 이상하게도 알은 먹지 않고 가버렸다. 그래서 알 네 개는 그대로 둥지에 남았다.

알을 품고 싶어 하던 암탉이 우연히 그 곁을 지나다가 알만 덩그러니 남아 있는 둥지를 발견했다. 암탉은 어미 없는 알을 품기 시작했다.

머지않아 아기 오리들이 태어났다. 예상대로 아기 오리들은 암탉을 엄마라고 착각하고 암탉의 뒤를 따라 아장아장 걸어다녔다.

새로 태어난 새끼들을 보고 행복해진 암탉은 아기 오리를 데리고 농장으로 갔다.

매일 아침, 수탉이 울고 나면 암탉은 흙을 헤집어서 작은 땅벌레들을 파냈다. 아기 오리들은 그런 암탉을 그대로 흉내내려 했다. 하지만 서툰 아기 오리들은 별 소득을 얻지 못했고 암탉은 대신 벌레를 잡아서 어린 오리들의 입 속에 넣어주었다.

어느 화창한 날, 암탉은 새끼들을 데리고 농장의 외부 경계선까지 산책을 나갔다. 어린 오리들은 훈련받은 대로 한 줄로 서서 그 뒤를 따라갔다. 하지만 호수에 도착하자 아기 오리들은 대수롭지 않은 듯 호수로 텀벙텀벙 뛰어들었다. 암탉은 필사적으로 꼬꼬댁 소리를 내면서 발을 동동 굴렀다. 새끼들이 물에 빠질까봐 무서웠다. 아기 오리들이 신이 나서 물장구를 치며 수영을 하는 동안 암탉은 펄쩍펄쩍 뛰면서 눈물을 흘렸다. 새끼들에게 어서 물에서 나오라고 통사정을 했다.

그때 암탉의 요란스런 꼬꼬댁 소리를 들은 수탉이 와서 어떻게 된 일인지를 살폈다.

"그러게 어린 것들을 믿은 당신 잘못이야." 수탉은 훈계조로 단언했다. "녀석들은 주제도 모르고 너무나 무모하단 말이야."

그때 아기 오리 중 한 마리가 수탉의 말을 듣고 호숫가로 헤엄쳐 나와서 말했다.

"당신이 못하는 걸 우리가 한다고 해서 비난하면 안 되죠."

"데미안, 그렇다고 여기 나오는 암탉이 틀렸다는 건 아니에요.

그리고 수탉에 대해서도 함부로 재단하지 말아요.

아기 오리들도 거만하다거나 반항적이라고 생각하지 말아요.

이 이야기에 등장하는 그 어떤 동물도 틀리지 않았어요. 그저 각자 다른 위치에서 현실을 바라본 것뿐이에요."

거의 언제나

유일한 실수는

나의 위치에서만

진실을 볼 수 있다고 생각하는 것이다.

귀먹은 사람은 음악에 맞춰 춤추는 사람을 미쳤다고 생각한다.

불쌍한 양
너와 나의 입장 차이

부모와 자식 사이의 관계에 대해서 계속 생각해봤다. 뚱보 선생의 말이 맞았다! 모든 세대는 각자의 독특한 관점으로 세상을 본다. 우리는 그들과 다르다. 그들은 또 자신들이 우리 조부모 세대와 다르다고 말했을 것이다. 세대간에 서로에게 이의를 제기하는 것은 세상을 똑같이 보지 않기 때문이다.

"부모님이랑 이야기를 해봤어요."

"오, 그래요?"

"네. 암탉 이야기를 해드렸죠."

"그래서요?"

"처음에는 내가 예상했던 대로 반응하셨어요. 엄마는 그 이야기와 우리 문제 사이의 연관성을 이해하지 못했고, 아버지는 동의하지 못하겠노라고 말씀하셨죠. 하지만 그 후에 잠시 동안 말없이 둘러 앉아 있다가 우리가 그렇게 심하게 의견 일치를 보지 못하는 건 아니라는 결론을 내리게 되었죠."

"그렇다면 마침내 의견이 일치하지 않는다는 데 의견 일치를 본 건가요?"

"네. 그렇게 된 것 같아요. 이미 의견이 같은 사람과 의견 일치를 보는 건 쉬운 일이에요. 정말 어려운 건 동의하지 않는 일을 두고 의견 일치를 봐야 할 때죠. 하지만 그런 일이 실제로 일어났어요."

"그거 멋지네요!"

"하지만 그럼에도 불구하고 결국 아버지는 나이로 보나 경험으로 보나 자신의 생각이 가장 우선시되어야 한다고 못 박으셨어요. 나이나 경험이 없으면 감언이설에 대처하지 못하기 때문에 위험하다나요."

"그래서 데미안은 어떻게 생각했나요?"

"그렇지 않다고 생각했죠. 나도 거의 모든 일에 대처할 수 있다고요."

"거의 모든 일이라고요? 그럼 대처하지 못하는 일도 있다는 말인가요?"

"대처할 수 없는 일들도 있죠."

"그렇다면 아버님의 말씀이 맞는 거네요. 세상에는 위험한 게 많아서 그런 문제를 해결하려면 나이와 경험이 필요할 거란 말이요."

"네. 그런 것 같아요."

"그렇게 생각하니 수세에 몰리지 않았나요?"

"그랬어요. 하지만 사실이 그러니까."

"사실이 그렇다! 이제는 정말 사실이 그런지 한 번 알아봐야겠군요."

"어떻게요?"

"자, 들어봐요……."

옛날에 양치기 가족이 살았다. 이들은 키우는 양을 모두 안마당에 모아 두었다. 그리고 먹이를 주고 보살피고 가끔 넓은 풀밭에 내어 놓기도 했다.

때때로 양들은 탈출을 시도했다.

그럴 때면 가장 나이 많은 양치기가 와서 말했다.

"너희들! 이 건방지고 무책임한 녀석들! 계곡에 위험한 게 얼마나 많은지 알지도 못하면서 말이야. 바로 여기 농장이야말로 물과 음식을 얻을 수 있는 유일한 곳이야. 무엇보다 늑대를 피해서 너희가 보호받을 수 있는 유일한 장소라고."

그 정도 말이면 보통 양들의 자유 욕구를 억누르기에 충분했다.

하지만 어느 날 조금 유별난 양 한 마리가 태어났다. 편의상 검정 양이라고 부르겠다. 반항적 기질이 있는 이 검정 양은 초원의 자유를 찾아 탈출하도록 친구들을 부추겼다.

나이 많은 양치기가 찾아가서 밖이 위험하다는 걸 납득시켜야 하는 횟수가 점점 많아졌다. 그럼에도 불구하고 검정 양은 잠시도 가만히 있지 않았다. 양을 풀밭에 풀어놓았다가 다시 우리에 가두는 일은 점점 더 힘들어져 갔다.

급기야 어느 날 밤, 검정 양은 다른 양들을 설득해서 단체로 도망을 치기에 이르렀다.

양치기들이 이 사실을 눈치챈 것은 날이 밝고, 완전히 부서진 울타리와 텅 빈 우리를 본 다음이었다.

양치기 가족은 나이 많은 양치기를 찾아가 이제 어쩌면 좋겠냐고 한탄했다.

"양들이 다 없어졌어요! 다 없어졌어요!"

"불쌍한 양들!"

"목이 마를 텐데."

"배도 고플 텐데."

"늑대는 또 어쩌고요?"

"우리도 없는데 양들한테 무슨 일이 생기면 어떻게 하죠?"

나이 많은 양치기는 담뱃대를 한 모금 빨고 나서 말했다.

"그러게 말이다. 우리가 없으니 양들에게 무슨 일이 생길지 걱정이네. 그런데 진짜 큰일은 말이다, 양이 없으니 이제 우리는 어떻게 될 것인가 하는 문제지."

임신한 냄비

이건 믿고 저건 안 믿고

"요즘 부모님하고는 어때요?"

"좋았다 나빴다 그래요. 정말 잘 지내는 것처럼 보일 때도 있어요. 그럴 때는 서로의 입장을 잘 이해할 수 있을 것 같죠. 하지만 그렇게 하는 게 불가능해질 때도 있어요. 타협의 여지가 전혀 없죠."

"데미안, 알고 지내는 다른 모든 사람과도 그런 식으로 좋았다 나빴다 하면서 지내잖아요. 남은 평생 동안도 인간관계는 늘 그런 식일 거예요."

"하지만 부모님은 다르죠. 다른 사람도 아닌 부모님이잖아요!"

"네, 부모님이시죠. 하지만 그게 다르다고 하는 건 무슨 말이죠?"

"부모라는 이유로 힘을 갖고 있다는 말이에요."

"무슨 힘이요?"

"나를 마음대로 좌우할 수 있는 힘이요."

"데미안은 이제 성인이잖아요. 그러니 데미안을 좌우할 수 있는 힘을 가진 사람은 세상에 없어요. 아무도 그럴 수 없죠. 데미안이 허락하지 않는 한 그런 힘을 가질 사람은 없어요."

"내가 그런 걸 허락할 리가 없잖아요."

"내 눈에는 그런 걸로 보이는데."

"뭐, 어쨌든 부모님 집에 사니까요. 먹여주고 학비도 일부 내주고 하시는 분들이니까. 엄마는 내 옷을 빨아주고 침대 정리를 해주고…… 그런 것들 때문에 부모에게 권리가 생기는 거죠."

"데미안은 일을 하지 않나요?"

"물론 하죠."

"그런데 뭐가 문제죠? 혼자 힘으로 아파트를 얻을 수 없는 형편이니 부모님 집에서 사는 건 이해할 수 있는 일이에요. 하지만 나머지는 정말 독립을 원한다면 얼마든지 스스로 할 수 있는 일이죠."

"무슨 말을 하는 거예요? 저를 아무짝에도 쓸모없는 사람처럼 대하는 게 꼭 우리 엄마 같네요! 침대 정리하는 법을 배우는 게 세상에서 가장 중요한 일이라도 되는 양 대하는 우리 엄마 말이에요."

"분명 그게 세상에서 가장 중요한 일은 아니죠. 하지만 독립과 자유를 요구하고 있는 건 데미안 본인이잖아요."

"직접 요리하고 침대 정리나 빨래를 하는 자유와 독립을 원하는 게 아니에요. 무슨 일을 할 때 일일이 허락을 구하지 않아도 되는 걸 원하는 거죠. 내가 의논하고 싶은 걸 의논할 권리와 말하고 싶지 않은 건 말하지 않을 권리를 갖고 싶어요."

"흠. 데미안, 그 두 가지 자유는 서로 연결되어 있다고 봐야 해요."

"부모님과 떨어져서 살고 싶지는 않아요."

"당연히 그렇겠죠. 하지만 자신이 원하는 권리는 요구하면서 그와 함께 따라오는 책임을 지는 건 거부하고 있잖아요."

"하지만 먼저 독립하고 싶은 영역과 조금 더 현 상태를 유지하고 싶은 영역을 선택할 수도 있잖아요?"

"이야기 하나 해줄게요. 이 문제를 충분히 생각하는 데 도움이 될 거예요."

한 남자가 있었다. 어느 날 남자는 이웃 사람에게 냄비를 빌려줄 수 있냐고 물었다. 그 냄비의 주인은 마음이 넉넉하거나 아량이 있는 사람이 못되었지만 의무감에서 냄비를 남자에게 빌려주었다. 그 후로 4일이 지났다. 남자는 여전히 냄비를 돌려주지 않았다. 이웃 사람은 남자에게 찾아가 냄비를 돌려달라고 말했다.

"정말 대단한 우연의 일치네요. 지금 막 냄비를 돌려드리려 댁으로 가려던 참이었어요. 대단한 난산이었어요!"

"난산이요? 지금 무슨 소리를 하는 거요?"

"냄비 말입니다."

"뭐라고요?"

"아, 모르셨어요? 댁의 냄비는 임신 중이었습니다."

"임신이요?"

"네. 저한테 빌려주시던 그날 밤 몸을 풀고 일가를 이루었죠. 그래서 며칠 동안 쉬어야만 했던 겁니다. 이제는 기력을 다 회복했습니다."

"쉬어요?"

"네. 잠시만 기다려 보세요."

남자는 집에 들어가서 냄비와 함께 작은 주전자와 프라이팬을 집어 들었다.

"그건 제 것이 아니에요. 냄비만 제 것이죠."

"아니요, 다 댁의 것들입니다. 여기 있는 것들은 이 냄비의 자식들이에요. 냄비가 댁의 것이니 그 자식들 역시 댁의 것이죠."

이웃 사람은 이 남자가 정신이 나간 모양이라고 생각했다. '그냥 맞장구를 쳐주는 편이 낫겠어.' 이웃 사람은 속으로 생각했다.

"네, 그렇다면야. 고맙습니다!"

"천만에요. 안녕히 가세요."

"안녕히 계세요."

이웃 사람은 작은 주전자와 프라이팬과 냄비를 가지고 집으로 돌아갔다.

그날 오후에 남자가 이웃의 문을 다시 두드렸다.

"안녕하세요, 드라이버와 펜치를 좀 빌려주실 수 있을까요?"

이웃 사람은 이전보다 더 흔쾌히 대답했다. "네, 물론이죠."

이웃 사람은 안으로 들어가서 펜치와 드라이버를 가지고 왔다.

그리고 일주일이 지났다. 이웃집을 찾아가서 빌려간 물건을 되돌려 달라고 말하려는 찰나에 옆집 남자가 문을 두드렸다.

"저기요, 어떻게 이런 일이 있지요? 혹시 알고 계셨나요?"

"뭘요?"

"저 드라이버와 펜치가 사귀는 사이더라고요."

"설마!" 이웃 사람은 두 눈을 크게 뜨고 답했다. "저는 전혀 몰랐는데요."

"다 제 탓입니다만. 이 둘만 집에 놔두고 잠시 나갔다 왔더니 결국 암컷이 임신을 했더라고요."

"펜치가요?"

"펜치가요. 그래서 그 아이들을 데리고 왔습니다."

남자는 그 말을 하면서 작은 바구니를 열어서 나사와 볼트, 못 몇 개를 꺼냈다. 그리고 말하기를 펜치가 낳은 아이들이라고 했다.

'이 작자는 완전히 제정신이 아니야.' 이웃 사람은 생각했다. 하지만 나사와 못이라면 쓸모가 있는 물건이니 언제라도 환영이었다.

그로부터 이틀이 더 지났다. 부탁할 일이 많은 남자가 다시 모습을 드러냈다.

"요전에 펜치를 돌려드리면서 보니까 테이블 위에 아름다운 황금 주전자가 있더라고요. 하룻밤만 저에게 그 황금 주전자를 빌려주실 수 있을까요?"

황금 주전자 주인의 두 눈이 반짝 빛났다.

"물론이죠!" 이웃 사람은 인심 좋은 사람처럼 말했다. 그리고 집 안으로 들어가서 황금 주전자를 가져와 남자에게 빌려주었다.

"감사합니다."

"안녕히 가세요."

"안녕히 계세요."

하룻밤이 지났다. 그리고 또 하룻밤이 더 지났다. 황금 주전자의 주인은 차마 황금 주전자를 돌려달라는 말을 할 수 없었다. 하지만 일주일이 지나니 더는 불안해서 참을 수가 없었다. 이웃 사람은 옆 집 남자에게 가서 주전자를 돌려달라고 말했다.

"주전자요?" 남자가 되물었다. "어휴, 정말이지…… 소식 못 들으셨어요?"

"무슨 소식이요?"

"출산을 하다가 사망하고 말았어요."

"출산을 하다가 사망했다니, 그게 무슨 소리죠?"

"유감스럽게도 그 주전자도 임신 중이었어요. 그런데 출산을 하던 중에 그만 숨이 끊어지고 만 겁니다."

"이봐요, 내가 뭐 바보 천치인줄 알아요? 황금 주전자가 어떻게 임신을 한단 말이에요?"

"이보세요. 냄비가 임신을 했다는 말도 수긍하시고 드라이버와 펜치가 결혼해서 아이를 낳았다는 말도 인정하셨잖아요. 그런데 주전자가 출산 중에 죽었다는 말을 받아들이지 못할 이유는 뭐죠?"

162

"데미안, 원하는 건 뭐든지 선택할 수 있어요. 하지만 쉽고 편리한 일에 대해서만 독립적이고, 자신의 노력이 필요한 일에는 의존적으로 지낼 수는 없는 법이에요.

자신이 세운 기준과 자유, 독립성 그리고 그 이후 늘어나는 책임감은 모두 개인적인 성장의 일부입니다. 어른이 될 것인지 아니면 계속 어린아이인 채 있을 것인지 결정하도록 해요."

사랑의 생김새
현실은 그대로 있었다

"부모님이 나이가 드시니까 더는 예전 같지 않으신 것 같아요."

"그런 생각을 하게 된 건 부모님을 바라보는 데미안의 위치가 달라졌기 때문일걸요."

"그게 무슨 상관이죠? 부모님이 달라지셨다고요, 제가 아니라."

"이야기 하나를 들려주죠."

왕은 사브리나를 사랑했다. 사브리나는 사회적 지위가 낮았지만 왕은 그녀를 아내로 맞았다.

신혼의 단꿈을 꾸던 어느 날 오후, 왕이 사냥을 나가 있는 중에 사브리나의 어머니가 위독하다는 전갈이 도착했다. 왕의 전용 마차는 다른 이가 사용하는 것이 금지되어 있었지만 사브리나는 급한 마음에 그 마차를 타고 어머니 곁으로 달려갔다.

사브리나가 다시 궁으로 돌아왔을 때, 왕은 무슨 일이 있었는지 모두 알고 있었다.

"정말 놀랍지 않소? 이것이야말로 진정한 딸의 사랑이요. 사브리나는 어머니를 돌보기 위해서 자신의 목숨이 위험에 처하는 것도 아랑곳하지 않았소. 정말 놀라운 일이오!"

다음 날 사브리나가 궁전 정원에 앉아서 과일을 먹고 있는데 왕이 모습을 드러냈다. 왕비는 왕에게 인사를 건네고 자신이 들고 있던 마지막 복숭아를 한 입 먹어 보라고 권했다.

"맛이 정말 좋군!" 왕이 말했다.

"네, 아쉽게도 그게 마지막입니다." 왕비는 대답했다.

나중에 왕은 말했다 "정말 우리 왕비는 나를 사랑한단 말이야! 자신의 기쁨을 기꺼이 포기하고 마지막 복숭아를 내게 주었어. 정말 놀라운 일이 아닌가?"

그리고 몇 년이 지났다. 어찌된 영문인지 왕의 가슴을 채워주던 사랑과 열정이 자취도 없이 사라져 버렸다.

가장 친한 친구와 앉은 왕이 말했다.

"사브리나는 단 한 번도 왕비다운 행동을 보여주지 않았어. 내 마차를 사용하지 말라는 명령도 거역했지. 게다가 한 번은 한 입 베어 물은 과일 쪼가리를 나에게 주기도 했다고."

"현실은 달라지지 않았어요. 현실은 현실이니까요. 그럼에도 불구하고 이 이야기처럼 사람들은 하나의 상황을 여러 가지로 해석해요. 심지어 아예 반대로 보는 경우도 있죠. 현자 볼드윈도 뭔가에 대해 안다고 생각할 때는 특히 더 신중해야 한다고 말했어요."

지금 보이는 현실이

나에게 유리하다면

그렇다면 자신의 눈을 믿지 마라!

옴부나무의 새순
시간은 흐른다

내가 진료실에 들어서자마자 호르헤가 말했다. "해줄 이야기가 있어요."

"이야기? 왜요?"

"모르겠어요. 그냥 이 이야기를 들려주고 싶어요. 부모님과의 이야기를 이걸로 정리할 수 있을 것 같아요."

"알았어요." 나는 호르헤를 믿어 보기로 했다.

옛날에 아주 작은 마을이 있었다.

너무 작아서 그 나라에서 가장 크게 만든 지도에도 표시되지 않을 정도였다.

너무 작은 마을이어서 마을 광장도 아주 작았다. 그 작은 광장에는 나무도 한 그루밖에 없었다.

하지만 사람들은 그 마을을 사랑했다. 작은 광장을 사랑했고 그곳

167

에 있는 한 그루의 나무도 사랑했다. 광장 한가운데 옴부나무 한 그루가 늠름하게 서 있었다. 매일 저녁 7시면 일을 마친 마을 사람들은 남녀를 불문하고 광장으로 모였다. 목욕을 하고 머리를 빗고 옷을 차려입은 사람들은 옴부나무 근처를 산책했다.

몇 년 동안 매일매일 젊은이들과 그 젊은이들의 부모 그리고 그 부모의 부모는 모두 다 함께 옴부나무 아래서 만났다.

그곳에서는 중요한 사업적 거래가 체결되기도 하고, 마을과 관련된 중요한 일이 결정되기도 했다. 결혼식도 치렀고 장례식도 있었다. 여러 해 동안 그러했다.

그러던 어느 날, 갑자기 색다르고 신기한 일이 일어나기 시작했다. 옴부나무의 곁뿌리 중 하나에서 하늘을 향해 고개를 쳐든 작은 이파리 두 개가 뻗어져 나온 것이다.

새순이었다. 사람들이 알고 있는 한, 한 번도 옴부나무에서 돋아난 적 없던 새순이 처음 고개를 내민 것이다.

사람들은 새순을 보고 흥분했다. 곧 위원회가 조직되어서 이 경사스러운 일을 위한 축하행사를 기획했다. 하지만 일부 사람들은 새순이 화를 불러올 것이라고 경계했다.

어쨌든 첫 번째 새순이 돋아나고 며칠이 지난 후 두 번째 새순이 자라나기 시작했다. 그리고 한 달이 채 지나기도 전에 스무 개가 넘는 작고 푸른 가지가 옴부나무의 뿌리에서 돋아났다.

기뻐하던 사람이나 무관심한 사람이나 이 새순에 대한 관심을 오래 갖지는 않았다. 그런데 옴부나무에 문제가 생겼다. 가장 먼저 문제를 발견하고 사람들에게 알린 것은 광장을 지키는 경비원이었다. 옴부나무의 잎사귀가 완전히 노래져 있었다. 아주 허약한 모습을 한 이파리는 금방이라도 나무에서 떨어질 것처럼 보였다. 과거 두껍고 부드러웠던 나무 기둥도 생기 없이 말라 있었다. 경비원은 그 상황에 대한 자신의 의견을 밝혔다.

"옴부나무가 병들었습니다."

옴부나무가 죽을지도 모르는 상황이었다.

그날 저녁 언제나처럼 산책을 하던 마을 사람들 사이에서 말다툼이 벌어졌다. 나무가 병든 게 모두 새순 때문이라고 주장하는 사람들이 있었다. 새순이 나오기 전까지는 아무런 문제가 없었으니 새순이 문제라는 이들의 근거는 명확하고 구체적이었다.

새순을 옹호하는 사람들은 옴부나무가 병든 것과 새순 사이에 명확한 인과관계가 성립되지 않는다고 반박했다. 무엇보다 새순이 돋아났으니 옴부나무에 무슨 일이 생겼을 때도 나무의 미래를 보장할 수 있다고 말했다.

날이 선 토론이 이어지면서 대립하는 의견을 가진 양 진영이 만들어졌다. 한쪽에서는 옴부나무가 더 중요하다고 외쳤고, 다른 한 쪽은 새순을 강조했다.

토론의 방법을 잘 모르는 사람들이었기에 논쟁은 점점 감정적으로 변하며 뜨거워졌다. 양 진영의 입장 차이는 갈수록 커졌다. 밤이 되자 사람들은 이야기를 잠시 멈추고 다음 날 다시 모이기로 했다. 그러는 사이에 냉정을 되찾을 수 있을 것 같았다.

하지만 사람들의 마음은 조금도 진정되지 않았다. 다음 날 일명 '옴부나무를 지키는 사람들'은 문제의 해결책으로 시계바늘을 되돌릴 것을 제안했다. 새순이 고목이 된 옴부나무의 에너지를 훔쳐가면서 기생하고 있다는 지적이었다. 그러므로 새순을 죽여야만 했다.

한편 자칭 '생명을 지키는 사람들'이라는 무리는 그 소식을 듣고 경악했다. 이들은 새순을 잘 키우기 위해 고목을 베어내야 한다고 주장했다. 옴부나무는 생애 주기를 모두 다 살았기 때문에 어린 새순에게 필요한 양분이 될 순서라고 말했다. 더구나 이미 죽은 거나 진배없는 옴부나무를 애써 지킬 필요가 없다고 말했다.

의견 차이는 말다툼이 되었고, 말다툼은 고함과 욕설, 주먹질이 난무하는 싸움이 되었다. 급기야 경찰이 출동해서 대소동을 진정시키고 모든 사람들을 각자의 집으로 돌려보냈다.

옴부나무를 지키는 사람들은 그날 밤에 만나서 지금이 절망적인 상황이라는 데 의견을 모았다. 그리고 어리석은 반대파들이 도리를 따르려 하지 않을 것이라는 전제 하에서 독자적인 행동에 나서자고 결론 내렸다. 전지가위에 곡괭이와 삽으로 무장한 사람들은 공격을 감행하기로 했다. 새순을 잘라버리고 나면 협상도 새로운 국면을 맞이할 것이라 생각했다.

옴부나무를 지키는 사람들은 광장에 도착했다. 옴부나무로 다가가는데 한 무리의 사람들이 옴부나무에 목재를 쌓아 올리고 있는 모습이 눈에 들어왔다. 생명을 지키는 사람들이었다. 나무에 불을 지를 생각인 모양이었다.

두 무리는 다시 한 번 격론을 벌이기 시작했다. 하지만 이번에 그들은 증오와 분노, 파괴의 욕구로 완전 무장한 상태였다. 싸움이 벌어지는 동안 새순 몇 개가 짓밟혀서 훼손되었다. 옴부나무 역시 기둥과 가지에 심각한 상해를 입었다. 치열하게 싸운 양 진영의 사람들 스무 명은 결국 그날 밤을 병원에서 보내게 되었다. 정도의 차이는 있지만 모두들 부상을 입었기 때문이다.

다음 날 아침, 광장은 전혀 다른 모습을 하고 있었다. 옴부나무를 지키는 사람들이 나무 주변에 울타리를 세우고 무장한 보초병 네 명을 영구적으로 배치해서 그곳을 지키도록 해 놓은 것이다. 반면, 생명을 지키는 사람들은 남아 있는 새순 주변에 배수로를 파고 가시철사를 둘러서 공격을 막을 수 있게 해놓았다.

마을에 사는 다른 사람들은 도저히 이해할 수 없는 비상적인 상황이 벌어지고 있었다. 하지만 각 진영의 사람들은 지지자를 더 모으기 위해서 그 상황을 정치 이슈화시키고 거주민들이 반드시 어느 한 편을 지지하도록 강요했다.

결국 이 상황에 대한 최종 결정은 치안판사에게 맡겨지게 되었다. 그는 돌아오는 일요일에 판결을 내려야 했다.

결정의 날이 다가왔다. 재판정 한가운데 노끈을 묶어 두고 사람들을 두 편으로 갈라놓았다. 양 진영에서는 상대를 향해 폭언을 퍼부었다. 야단법석 떠들어 대는 소리는 끔찍한 수준이었고, 그 바람에 아무도 다른 이의 말을 들을 수 없었다.

갑자기 문이 열렸다. 통로를 따라 마을의 원로 한 명이 걸어왔다. 원로는 모든 사람들의 시선을 한 몸에 받으며 지팡이를 짚고 천천히 걸어왔다. 족히 100살은 되었을 그 원로는 젊은 시절에 이 마을을 세우는 일에 참여했고, 도로망을 계획했으며 마을의 땅을 배분하기도 했다. 물론 문제의 나무도 그가 심은 것이었다. 원로는 모든 사람들의 존경을 받고 있었다. 그의 말에는 긴 세월을 살아온 지혜가 담겨 있었다.

원로는 도와주겠다는 손길을 거절하고 자신의 힘만으로 힘겹게 단상으로 올라가서 모인 사람들에게 연설했다.

"이 바보 같은 사람들아! 옴부나무를 지키는 사람이라느니, 생명을 지키는 사람이라느니 이름을 붙였다고? 그대들이 지킬 수 있는 것은 아무것도 없소. 지금 하는 모든 행동들은 다른 생각을 하는 사람들에게 해를 끼치는 일에 불과하기 때문이오.

각자가 주장하는 방법에 오류가 있는 걸 통 모르고 있소. 양측 모두 잘못 알고 있소. 옴부나무는 돌이 아니오. 생물이지. 그래서 생애주기라는 걸 갖고 있소. 그 생애주기의 일부에는 다음 세대의 사명을 이어갈 새로운 존재에게 생명을 내어 주는 일이 포함되어 있소. 새순들을 잘 훈련시켜서 새로운 옴부나무가 될 수 있게 하는 것이오.

하지만 새순은 단순한 새순이 아니오. 옴부나무가 죽는다면 새순 역시 살 수 없소. 게다가 새로운 생명을 태어나게 하지 못한다면 옴부나무의 일생은 아무런 의미가 없어지는 것이오.

생명을 지키는 사람들은 지금부터 마음의 준비를 하시오. 훈련하고 무장하시오. 곧 부모님을 집 안에 둔 채로 불을 질러야 할 때가 올 것이오. 당신들의 부모는 곧 늙고 방해만 되는 존재가 될 테니 말이오.

옴부나무를 지키는 사람도 준비하시오. 새순으로 연습을 하면 되겠군. 당신들의 자녀가 자라서 당신들을 대신하거나 당신들보다 더 뛰어나지면 밟아서 죽여야 하는 상황이 올 테니 대비를 하란 말이오.

이래 놓고 당신들은 스스로를 '지키는 사람'이라고 부르고 있소! 오로지 파괴할 생각만 하는 사람들이…… 원하는 대로 부수고 파괴하다 보면 정말 자신이 지키고자 했던 것 역시 필연적으로 파괴되고 부서진단 말이오! 생각들을 좀 하시오. 여러분한테 남은 시간은 그리 많지 않소……."

그 말을 남기고 원로는 단상에서 내려와 문이 있는 곳으로 갔다. 양 진영의 사람들은 아무런 말도 없이 서 있었다. 원로는 유유히 법정을 떠났다.

호르헤는 더 말하지 않았다. 왈칵 눈물이 쏟아졌다. 나는 아무 말도 하지 않고 자리에서 일어나 진료실을 나왔다. 피곤했지만 머릿속은 맑아졌다. 해야 할 일이 아주 많았다!

미로
자신을 가두는 일

호르헤는 가끔 자신이 쓴 글을 보여주었다. 내가 부탁해서 쓴 건지, 자신이 쓰고 싶어 쓴 건지 아니면 그 두 가지 모두에 해당하는 건지 확실하지 않지만 여하튼 그는 글을 썼고, 그 글을 내게 보여주었다.

수수께끼를 좋아하는 남자가 있었다. 그의 이름은 호로스카였다. 호로스카는 어릴 때부터 온갖 어려운 문제를 즐겼다. 퀴즈를 맞추고, 낱말퍼즐을 완성하고, 미로에서 길을 찾고, 암호를 풀고……. 호로스카는 대부분의 시간을 다른 사람이 만들어 낸 어려운 문제를 푸는 데 썼다. 물론 성공할 때도 있고 실패할 때도 있었다. 그가 언제나 답을 찾아낸 건 아니다. 때론 너무 복잡해서 도저히 풀 수 없는 것들도 많았다.

궁지에 몰리면 호로스카는 늘 같은 과정을 거쳤다. 거의 의례처럼 돼버린 일이었다. 먼저 호로스카는 한참 동안 그 문제를 쳐다본다. 그러다가 그 문제들이 해결 불가능한 범주에 속하는지 아닌지를 판단한다. 검토 결과 해결 불가능한 문제라는 결론에 이르면 심호흡을 하고, 그럼에도 불구하고 문제 풀기를 시도한다.

하지만 그 시점에 이미 호로스카는 극심한 좌절감을 느꼈다. 한번 풀지 못한다고 생각하면 정말 끝까지 풀리지 않았기 때문이다.

한동안 호로스카는 풀 수 없는 문제를 너무 자주 마주했다. 그래서인지 수수께끼가 따분하다고 느껴지기 시작했다. 사회적으로 높은 지위에 이르거나 유명해져야지 이따위 수수께끼나 푸는 게 무슨 도움이 되겠냐고 떠들어댔다. 그리고 마음속으로는 멍청한 문제 출제자가 출제자 자신도 풀지 못할 문제를 냈다고 비난했다.

너무 쉬운 문제도 지루하기는 마찬가지였다. 그래서 호로스카는 모든 '난제 해결 애호가'를 위해 맞춤 제작된 수수께끼가 필요하다는 결론을 내렸다.

호로스카는 모든 사람들이 각자의 수준에 맞춘 수수께끼를 직접 만드는 것이 가장 이상적이라고 생각했다. 한 가지 단점은 문제를 만든 사람은 문제를 풀기도 전에 답을 알게 된다는 것이었다.

어쨌든 호로스카는 취미로 자신을 위한 문제들을 만들기 시작했다. 그의 최대 걸작은 거대한 미로였다.

어느 화창하고 조용한 일요일, 호로스카는 자신의 저택에 있는 침실 안에 벽돌을 한 장씩 날라서 벽을 세우기 시작했다. 실물 크기의 미로를 만들기로 한 것이다.

몇 년이 흘렀다. 호로스카는 자신이 만든 수수께끼들을 친구들과 나누었고 전문 잡지와 신문을 통해서 세상에 선보이기도 했다. 하지만 미로는 완성되지 못했다. 호로스카는 계속해서 미로를 복잡하게 만들었다. 자신도 모르게 막다른 길을 자꾸만 덧붙였다.

미로 프로젝트는 이제 그의 삶에서 매우 중요한 일이 되었다. 하루도 빼먹지 않고 벽돌을 쌓아 올려서 출입구를 가리고, 굽은 길을 늘렸다. 그렇게 하면 미로를 빠져나가는 게 더 어려워졌다.

20년 정도가 더 흘렀다. 이제 처음 미로를 시작했던 침실에는 빈 공간이 하나도 없게 되었다. 침실에서 욕실로 가려면 앞으로 여덟 걸음을 나가서 왼편으로 돈 다음에 다시 여섯 걸음을 더 나가고 오른편으로 돌아야 했다. 거기서 세 걸음 나아가고 다섯 걸음을 더 걸은 후 다시 한 번 오른편으로 돌고, 거기에 있는 장애물을 뛰어넘으면 욕실이 나왔다.

심지어 발코니에 나가려면 왼편 벽을 기어 올라가서 몸을 몇 미터 아래로 굴러 떨어지게 한 다음에 줄사다리를 타고 올라가서 위층으로 올라가야만 했다.

그렇게 조금씩 호로스카의 집은 실물 크기의 거대한 미로가 되어 갔다.

처음에는 이 일이 호로스카에게 큰 만족감을 주었다. 재미도 있었다. 통로를 가로질러 걷다 보면 미로를 만든 장본인인 자신도 막다른 길과 마주칠 정도였다. 자신이 만들었던 길을 모두 기억하기가 불가능했기 때문에 벌어지는 일이었다.

이것이야말로 호로스카만을 위한 '맞춤 제작' 미로였다.

드디어 맞춤 제작을 해낸 것이다.

호로스카는 사람들에게 이 멋진 작품을 보여주고 싶었다. 친구며 아는 사람들을 자꾸 집으로 초대했다. 하지만 사람들은 집에 왔다가도 늘 바로 가보겠다고 말했다. 거의 모든 사람들이 같은 말을 했다.

"여기는 사람이 살 만한 집이 아니야!"

결국 호로스카는 계속되는 외로움을 참을 수가 없어서 미로가 없는 집으로 이사를 해야 했다. 그곳에서는 아무 어려움 없이 사람들을 만날 수 있었다.

하지만 머리가 좋아 보이는 사람을 만날 때면 자신의 '진짜' 집으로 데려가곤 했다. 《어린 왕자》에 나오는 비행사가 코끼리를 삼킨 보아뱀 그림으로 사람들을 테스트했던 것처럼 호로스카는 똑똑하다고 생각되는 사람한테만 자신의 미로를 개방했다.

하지만 호로스카는 그곳에서 그와 함께 머물고자 하는 사람을 절대로 만날 수 없었다.

99 클럽
평온을 잃는 법

"뚱보 선생님, 평온한 마음을 갖는 건 왜 불가능할까요?"

"네?"

"그러니까 제 말은요, 불가능한 것처럼 보인다는 거예요. 가브리엘라와 저의 사이는 좋아요. 예전에 비하면 정말 많이 좋아졌죠. 하지만 여전히 내가 원하는 상태는 아니에요. 뭐가 잘못된 건지는 모르겠지만 이게 아니란 건 알겠어요. 우리한테는 열정이나 격한 감정, 재미 같은 게 결여되어 있어요. 학교도 마찬가지예요. 강의를 듣고 공부하고 시험을 치고 시험을 통과하죠. 하지만 완벽하다고 느껴지지 않아요. 만족스럽지 않아요. 배우고 싶었던 걸 공부하고 있는데도 하나도 기쁘지가 않아요. 일도 마찬가지예요. 모든 게 잘 되어가고 있고 급여도 꽤 많이 받아요. 하지만 내가 정말 받고 싶은 건 그게 아니에요."

"매사에 그런가요?"

"그런 것 같아요. 등을 기대고 편안히 앉아서 '좋아, 바로 이거야. 이제는 모든 게 좋아.'라고 생각해본 적이 한 번도 없어요. 형제나 친구, 돈, 건강 등 모든 중요한 문제에 대해서 똑같이 느껴요."

"몇 주 전에 집안 일로 힘들었을 때는 이렇지 않았나요?"

"이렇지 않았던 것 같아요. 걱정되는 중요한 일이 있으니까 이런 문제에 대해서는 생각하지 않았던 거죠. 지금 제 고민이 일종의 사치라는 건 저도 알아요. 모든 것이 완전해지는 방법을 이야기하는 거니까요."

"그러니까 큰 문제가 사라지고 나니까 이런 불안감이 표면에 드러나기 시작했다고 말하는 거죠?"

"맞아요."

"그렇다면 문제가 없어지니 문제를 만들고 있다는 건데……."

"뭐라고요?"

"확실해요. 모든 게 좋아졌을 때 생기는 문제."

"그게, 그런 것 같네……."

"데미안, 어디 말해 봐요. 모든 게 좋아지면서 생기는 문제라는 걸 인정하고 나면 어떤 기분이 드나요?"

"바보가 된 것 같네요."

"어쩔 수 없어요. 그게 현실이에요. 내가 한동안 왕이 나오는 이야기를 해주지 않았던 것 같은데?"

"맞아요."

"옛날에 '클래식'하다고 볼 수 있는 왕이 살았어요."

"클래식한 왕은 어떤 거예요?"

"이야기에 나오는 클래식한 왕은 많은 재산과 아름다운 궁전을 가지고 있으면서 막강한 권력을 행사하는 사람이죠. 그런 왕은 맛있는 산해진미를 먹고 아름다운 아내를 여럿 거느리고 원하는 것은 무엇이든 손에 넣을 수 있어요. 하지만 그 모든 조건에도 불구하고 행복하지 않죠."

"아……."

"이야기가 클래식하면 할수록 등장하는 왕은 더 불행해요."

"그럼 이번 이야기에 등장하는 왕은 얼마나 클래식한가요?"

"매우 클래식합니다."

"불쌍하네요."

옛날 옛날에 매우 불행한 왕이 살았다. 모든 불행한 왕들이 그렇듯이, 이 왕에게도 매우 행복한 하인이 있었다.

매일 아침 행복한 하인은 왕을 깨우고 아침 식사를 대령하면서 유쾌한 콧노래를 불렀다. 걱정이라고는 하나도 없는 듯 하인의 얼굴에는 늘 함빡 미소가 어려 있었다.

하루는 왕이 하인을 불렀다.

"비밀이 뭔가?" 왕이 물었다.

"전하, 무슨 비밀을 말씀하시는지요?"

"자네가 행복한 비밀이 뭐냔 말일세."

"비밀 같은 건 없습니다, 전하."

"나에게 거짓말을 하지는 말게. 거짓말보다 더 가벼운 죄에도 참수형을 내리는 게 날세."

"거짓말이 아닙니다, 전하. 저는 비밀이 없습니다."

"그렇다면 어째서 늘 행복하고 유쾌한가? 응? 이유가 뭔가?"

"제게 슬퍼할 일이 없기 때문입니다. 저는 전하를 섬기는 영광스러운 일을 하고 있고, 또 궁에서 제공해 주는 집에는 아내와 자식들이 있습니다. 입을 옷도 있고 먹을 음식도 있습니다. 전하께서 이따금씩 하사해 주시는 동전 몇 닢이면 특식을 먹을 수도 있습니다. 이러니 어떻게 행복하지 않을 수 있겠습니까?"

"당장 진짜 행복의 비밀을 말하지 않으면 참수하겠다." 왕은 인상을 찌푸리며 말했다. "네가 말한 그런 이유로 행복한 사람은 아무도 없다."

"하지만 전하, 비밀 같은 건 없습니다. 그 누구보다 전하를 기쁘게 해드리고 싶습니다만, 정말 저는 아무것도 숨기지 않았습니다."

"당장 물러가라. 망나니를 부르기 전에!"

하인은 허리를 숙여 왕에게 절한 다음 자리를 떠났다.

왕은 몹시 화가 났다. 다른 사람의 돈을 받아서 겨우 먹고살고, 남이 입던 옷을 입고 궁에서 남긴 음식을 먹으면서도 저렇게 행복해하는 것을 이해할 수가 없었다.

간신히 마음을 가라앉힌 왕은 보좌관 중에서 가장 현명하다는 사람을 불러서 그날 아침에 하인과 나눈 대화에 대해서 말했다.

"그자는 어째서 그렇게 행복하단 말이냐?"

"전하, 그자가 클럽에 들지 않았기 때문입니다. 그게 전부입니다."

"클럽에 들지 않았다?"

"그렇습니다."

"그래서 그자가 행복하다는 건가?"

"아닙니다. 그래서 불행하지 않은 겁니다."

"내가 지금 잘 이해한 건지 모르겠군. 그러니까 그 클럽에 들어가면 불행해진다?"

"맞습니다. 그리고 한 번 그 클럽에 들어가면 빠져나오는 것이 불가능하지요."

"그런데 그자는 들지 않았다?"

"맞습니다. 그는 단 한 번도 그 클럽에 든 적이 없습니다."

"그게 무슨 클럽인가?"

"99 클럽입니다."

"그건 어떤 클럽인가?"

"이해하시려면 제가 직접 보여드려야만 할 것 같습니다."

"어떻게?"

"그 하인이 클럽에 들게 하면 됩니다."

"그래, 그럼 강제로 들게 해보게."

"아니 되옵니다, 전하. 그 클럽에 강제로 들게 할 수 있는 사람은 아무도 없습니다."

"그러면 어떻게 하겠다는 건가?"

"강제로 들게 할 수는 없지만 기회만 제공하면 하인은 제 발로 당장 클럽에 들 겁니다."

"그 클럽에 들면 자신이 불행해질 거라는 걸 모르는 채로?"

"아니요, 알 겁니다."

"응? 그렇다면 들 리가 없잖은가?"

"어쩔 수 없이 들게 될 겁니다."

"그 클럽에 들면 불행해진다는 걸 알면서도 한다는 말인가? 다시 그 클럽에서 나오는 것도 불가능한데?"

"맞습니다, 전하. 클럽의 작동원리를 이해하기 위해서는 훌륭한 하인 한 명을 잃으셔야 합니다. 괜찮으시겠습니까?"

"괜찮네."

"좋습니다. 오늘 저녁에 다시 찾아뵙겠습니다. 금화 99닢을 가죽 주머니에 넣어서 준비해 주십시오. 모자라서도 안 되고 남아서도 안 됩니다. 꼭 99닢이어야 합니다."

"다른 건 더 필요 없나? 만일의 사태를 대비해서 경비대를 데려가야 할까?"

"아닙니다. 가죽 주머니만 있으면 됩니다."

"알겠네."

그날 저녁 보좌관이 왕을 찾아왔다. 두 사람은 아무도 모르게 궁전 외곽으로 나갔다. 그곳에 하인의 집이 있었다. 두 사람은 하인의 집 옆에 숨었다. 그리고 밤이 될 때까지 기다렸다.

집 안에 첫 번째 촛불이 켜졌다. 보좌관은 왕이 가져온 가죽 주머니에 쪽지를 묶었다. 쪽지에는 이런 글이 적혀 있었다.

　　이 보화는 그대의 것이오.

　　선하게 살아온 것에 대한 보상이오.

　　마음껏 누리시오.

　　하지만 어디서 얻었는지는

　　아무에게도 말해서는 안 되오.

보좌관은 가죽 주머니를 하인의 집 현관 앞에 내려놓고 문을 두드린 다음 재빨리 몸을 숨겼다. 하인이 집 밖으로 나왔다. 보좌관과 왕은 풀숲 뒤에 숨어서 무슨 일이 벌어지는지 지켜보았다.

하인은 가죽 주머니를 발견하고 쪽지를 읽었다. 그리고 주머니를 흔들었다. 금속이 부딪치는 소리가 들려오자 하인은 온몸을 떨면서 가죽 주머니를 가슴에 끌어안았다. 그리고 주변을 살피면서 자신을 본 사람이 있는지 확인했다. 아무도 없는 걸 확인하고는 잽싸게 집 안으로 들어갔다.

하인이 문에 빗장을 지르는 소리가 들렸다. 두 염탐꾼은 창문 쪽으로 몰래 다가가 어떤 장면이 펼쳐지는지 보았다.

하인은 촛불을 제외하고 식탁 위에 올려져 있던 모든 것을 바닥에 내던졌다. 그리고 의자에 앉아서 주머니에 담겨 있는 것을 식탁 위에 쏟아 부었다. 하인은 자신의 눈앞에 펼쳐진 광경을 도저히 믿을 수 없었다.

산더미 같은 금화라니!

한 번 만져본 적도 없는 금화가 한 무더기 생긴 것이다. 하인은 금화를 손으로 어루만지고 촛불에도 비춰 보았다. 한곳에 모았다가 다시 흩트려 놓고 몇 개씩 쌓아 올려서 나누어 보기도 했다.

금화를 실컷 가지고 논 하인은 금화를 열 닢씩 포개기 시작했다. 금화로 쌓은 작은 기둥이 하나, 둘 늘어갔다. 열 닢, 스무 닢, 서른 닢, 마흔 닢, 쉰 닢, 예순 닢…… 마지막 무더기를 쌓아 올리는데 금화가 아홉 개밖에 없었다!

처음에는 식탁 주변을 살피면서 금화 한 닢이 있는지 찾아보았다. 다음에는 바닥을 보았다. 그리고 마지막으로 주머니 안을 뒤져보았다.

"이럴 리가 없어." 하인은 마지막 금화 기둥을 다른 기둥 옆에 놓고 비교해보았다. 확실히 적었다.

"도둑맞은 거야!" 하인은 크게 울부짖었다. "도둑맞았어! 이런 개자식들!"

하인은 다시 한 번 식탁 위와 바닥, 주머니를 살펴보고 옷이 접혀 있는 부분과 주머니, 멀리 있는 가구 아래까지 확인했다. 하지만 하인이 찾는 것은 없었다.

식탁 위에 놓인 키 작은 금화 기둥이 자신을 조롱하면서 금화가 한 닢 부족하다고 말하는 것 같았다. 99닢이라니!

"아니야, 금화 99닢이면 충분히 많은 거지. 하지만 하나가 빠졌어. 99는 완벽한 숫자가 아니야. 100이 완벽한 숫자지 99는 아니야."

하인은 중얼거리며 알아듣기 힘든 혼잣말을 했다.

왕과 보좌관은 창문을 통해 이 모든 걸 지켜보았다. 하인의 얼굴 표정이 달라져 있었다. 눈썹은 잔뜩 찡그려져 있고, 긴장한 기색이 역력했다. 가늘게 뜬 두 눈과 치아를 드러내며 일그러진 입은 지독한 경멸을 내보였다.

하인은 금화를 다시 주머니에 집어넣고 사방을 둘러보면서 식구 중에 본 사람이 있는지 확인했다. 그리고 주머니를 벽난로에 숨겼다. 그런 다음에 펜과 종이를 가지고 와서 계산을 하기 시작했다. 금화 100닢을 채우기 위해서 얼마나 오랫동안 저축을 해야 할까? 하인은 혼잣말을 했다.

금화 한 닢을 구할 때까지 열심히 일할 것이다. 그런 다음에는 다시는 일하지 않아도 된다.

금화 100닢이면 일을 하지 않을 수 있다.

금화 100닢이면 부자라고 말할 수 있다.

금화 100닢이면 편안하게 살 수 있다.

하인은 계산을 끝냈다. 열심히 일하고 최대한 아끼며 살면 12년 안에 금화 한 닢을 모을 수 있을 정도가 된다.

"12년은 긴 시간이야."

어쩌면 아내에게 한동안 마을에 나가서 일거리를 찾아보라고 해야 할 것이다. 궁에서 하는 일은 다섯 시에 끝나니까 밤에 일을 더 해서 여분의 돈을 벌 수도 있다.

하인은 다시 계산을 했다. 마을에 나가서 아내와 함께 부업을 하면 7년 안에 금화 한 닢을 모을 수 있다.

그래도 너무 긴 시간이다!

어쩌면 먹다 남은 음식을 마을에 내다 팔아서 몇 푼을 더 벌 수도 있을 것이다. 아예 먹는 양을 줄인다면, 더 많은 음식을 팔 수도 있을 것이다.

팔고 또 팔자. 뭘 더 팔 수 있을까……

날이 따뜻해지고 있다. 그렇다면 겨울옷이 필요할 이유가 없지 않은가? 신발도 한 켤레만 있으면 되지 않을까?

희생을 해야 할지도 모른다. 하지만 4년 동안 희생하면 모자라는 금화 한 닢을 구할 수 있다.

왕과 보좌관은 궁으로 돌아갔다.

행복했던 하인은 99 클럽에 들어가 있었다.

그 후로 몇 개월 동안 하인은 그날 밤에 생각했던 계획을 실행에 옮겼다. 그러던 어느 날 아침, 하인은 왕의 침실 문을 두드리고 안으로 걸어 들어갔다. 까칠하고 불만스러운 얼굴을 하고 있었다.

"무슨 일이 있나?" 왕은 온화한 목소리로 물었다.

"아무 일도 없습니다. 전혀요."

"얼마 전까지만 해도 자네는 늘 웃고 노래를 불렀잖은가."

"제가 맡은 일은 다 잘하고 있지 않나요? 뭘 더 바라시는 겁니까? 지금 광대나 음유시인 노릇도 하라는 건가요?"

얼마 지나지 않아 왕은 그를 해고했다. 늘 뚱한 얼굴로 있는 하인을 옆에 두는 게 불편했기 때문이다.

"데미안이나 나를 비롯해서 우리 대부분에게는 이런 바보 같은 사고방식이 주입되어 있어요. 우리는 늘 만족감을 얻기 위해 뭔가가 더 필요하다고 생각하죠. 지금 가지고 있는 것을 누리면 간단하게 행복할 수 있는데 말이죠.

우리는 잃어버린 것을 되찾아야만 행복을 느낄 수 있다고 배워왔어요. 하지만 그러려면 늘 뭔가를 먼저 잃어버려야 하죠."

우리 삶을 분명히 설명해주는 사람이 있다면
무슨 일이 벌어질까.
어느 날 문득, 우리가 가지고 있는 금화 99닢이
사실은 전부라는 것을 깨닫게 된다면 어떻게 될까?
우리가 이미 부족함 없이 살고 있다는 걸 깨닫게 된다면?

누구도 우리 것을 빼앗아 가지 않았다는 걸 깨닫게 된다면?

100이라는 숫자가 99라는 숫자보다

더 완전한 게 아니라는 걸 깨닫는다면?

모든 게 다 속임수라는 걸 깨닫는다면?

그건 우리 앞에 당근을 놓아두고

바보처럼 행동하도록 유인하고

수레를 끌게 하려는 수작이다.

탈진시키고, 고약하게 만들고, 불행하고, 체념하게 만들려는

것이다.

우리가 스스로를 압박하는 것을 멈추지 못하게 하고

아무것도 변화시키지 못하게 하려는 수작이다.

아무것도 변하지 않는다!

하지만 우리에게 있는 보화를

있는 그대로 즐길 수만 있다면

우리 삶은 얼마나 달라지겠는가.

있는 그대로 즐길 수만 있다면.

"하지만 유념해야 할 게 있어요, 데미안. 금화 99닢이 보화라는 걸 깨달았다고 해서 자신의 목표를 포기해야 한다는 뜻은 아니에요. 그냥 주어진 대로 그럭저럭 만족해야만 한다는 의미가 아니란 말입니다.

현실을 받아들이는 것과 체념하는 것은 전혀 다른 문제입니다.

이 문제는 다른 이야기에서 더 알아보도록 합시다.”

켄타우로스

선택은 너무 어려워

나는 일주일 내내 99 클럽 이야기를 곰곰이 생각해 보았다. 이리
저리 조각을 맞추다 보니 다른 몇 가지가 맞아떨어지지 않는다는
생각이 들었다.

하지만 진료실에 도착했을 때도 내가 무슨 감정을 느끼고 있는지
확실히 말할 수 없었다. 그래서 그 이야기는 꺼내지 않았다. 상담 시
간 내내 쓸데없는 이야기만 계속했다. 날씨 이야기며, 휴가, 자동차,
여자 이야기를 했다.

상담을 마칠 무렵 나는 호르헤에게 상담 시간을 낭비한 것 같다
고 말했다.

"도끼날을 한 번도 갈지 않은 나무꾼 이야기를 기억해 봐요, 데미
안. 실없어 보이는 가벼운 상담을 하는 것이 연장을 갈고닦는 일이
될 수도 있어요."

"그런 기준으로 보면 아예 오지 않는 편이 더 나았을 수도 있어요."

"상담을 건너뛰어도 된다는 건 사실이죠. 나의 입장과 데미안의 입장은 다르겠지만. 뭐 얼마든지 그럴 수 있는 일이죠."

"선생님은 정말 독특한 분이세요."

"네, 그래요. 그런데 데미안도 마찬가지예요."

"그렇죠. 하지만 뚱보 선생님이 더 심해요!"

"알았어요. 그건 인정! 그럼 다시 상담을 받으러 와야 하는지 아닌지에 대한 이야기로 돌아가 봅시다. 제가 학교에 다닐 때 산부인과 담당 교수님이 계셨어요. 정말 친절하고 상냥한 분이셨죠. 그 교수님은 강의를 마치고 나면 늘 30분 정도 질의응답을 하셨어요. 그때 이야기를 들려줄게요."

어느 날 한 여학생이 물었다. "교수님, 가장 좋은 피임 방법은 무엇인가요?"

"어디 봅시다. 이상적인 피임 방법이라고 하면 적당한 비용으로 쉽게 이용할 수 있으면서 확실해야 할 겁니다." 교수는 답변을 시작했다.

"하지만 완전히 확실한 방법이 실제로 있긴 하나요?" 세 번째 줄에 앉은 남학생이 물었다.

"가장 확실하고 저렴하면서 간단한 방법은 '냉수 요법'입니다."

"그게 뭔가요?" 처음에 질문을 시작했던 여학생을 비롯해서 몇 명이 몹시 궁금하다는 표정을 지었다.

"사귀는 사람과 성관계를 맺고 싶다는 생각이 들면 아주 차가운 냉수를 연거푸 두세 잔 마시는 겁니다. 이때 중요한 건 벌컥벌컥 마시지 말고 한 모금씩 천천히 마셔야 해요."

"성관계 전에 해야 하나요, 아니면 그 후인가요?"

"전후 다 아닙니다." 교수는 대답했다. "대신인 거죠."

"마음이 심란할 때 가장 좋은 상담치료는 좋아하는 영화를 보러 가거나 친구를 만나거나 몇 시간 동안 잠을 자는 것일 수 있어요. 우리 교수님도 '전후가 아니라 대신하라'고 말씀하셨거든요. 이거다 싶은 일을 하는 게 바로 심리치료가 될 수 있는 거예요."

"그래요. 하지만 그러려면 선택을 해야 하잖아요. 선택을 해야 한다는 건 힘든 일이거든요."

뚱보 선생은 새삼스럽게 또 그러냐는 듯한 얼굴로 나를 보았다. 무슨 말을 하려는지 알 것 같았다.

"아니요, 뚱보 선생님. 나는 지금 선택을 하지 않겠다고 말하는 게 아니에요. 자유를 포기하겠다고 선언하는 것도 아니고……." 나는 수세에 몰려 말했다.

"그럼 문제는…… 결정을 해야 하는 상황을 맞이하고 싶지 않다는 거로군요."

"맞아요. 그러고 싶지 않아요."

"그럴 수 있죠. 사람들이 모두 같은 종에 속해 있다고 해도 본성은 각기 다르니까요. 어떤 부분이 다른 사람보다 더 발달한 경우가 있는 거죠. 더 솔직한 사람도 있고, 더 복잡한 사람도 있죠. 특정한 욕구가 더 많은 사람이 있는가 하면 다른 욕구를 가지고 있는 사람도 있고요."

"그럼 결정을 어려워하는 사람은 영원히 결정을 못 내릴 수도 있겠네요." 나는 고집스레 말했다.

"그럴 위험이 있죠." 뚱보 선생은 바닥에 있는 쿠션 위에 편안하게 앉으며 말했다.

나도 쿠션을 하나 가지고 와서 편안히 앉으면서 이야기 들을 준비를 했다.

뚱보 선생은 말을 이어갔다.

"우리 딸아이가 다섯 살 때였어요. 아내와 나는 부지런히 책을 사다 날랐죠. 아이가 잠자리에 들기 전에 우리가 읽어줄 책 말이에요. 그중에 《켄타우로스》라는 책이 있었어요. 오늘 보니까 데미안을 위해서 쓴 책 같다는 생각이 드네요."

옛날 옛날에 한 켄타우로스가 있었다. 켄타우로스는 상반신은 인간이고 하반신은 말인 종족이었다.

어느 날 오후, 켄타우로스는 너른 초원을 가로질러 느긋하게 걸어가다가 허기를 느꼈다.

'뭘 먹어야 하지?' 켄타우로스는 생각했다. '햄버거? 아니면 콩잎?'

켄타우로스는 마음을 정하지 못하는 바람에 계속 배고파야 했다.

밤이 찾아오자 켄타우로스는 잠을 자고 싶었다.

'어디서 자야 하지?' 켄타우로스는 또 생각했다. '마구간? 아니면 호텔?'

켄타우로스는 마음을 정하지 못하는 바람에 잠을 잘 수가 없었다.

먹지도 자지도 못한 켄타우로스는 결국 병이 들었다.

'누구를 불러야 하지?' 켄타우로스는 생각했다. '의사? 아니면 수의사?'

병이 들었지만 누구를 불러야 할지 정하지 못한 켄타우로스는 죽고 말았다.

마을 사람들은 켄타우로스의 사체를 발견하고 슬픔에 빠졌다.

"켄타우로스를 묻어줘야지." 마을 사람들은 말했다. "하지만 어디에 묻지? 마을 묘지? 아니면 뒷산? 뒷산이야 마을 묘지야?"

마음을 정하지 못한 마을 사람들은 책을 쓴 작가를 불러냈다. 하지만 작가도 결정을 내릴 수 없어서 대신에 켄타우로스를 다시 살려내기로 했다.

-끝-

디오게네스 논법

전제를 바꾸다

"99 클럽에 대한 이야기를 다시 하고 싶어요."

"그러고 싶은가요?"

"왕과 하인이 나오는 그 우화는 이해가 됐어요. 그런데 문제는, 제가 이미 99 클럽으로 활동중이라는 거죠. 저는 늘 행복하지 않아요. 당장 큰 고민거리가 사라지면 다시 내 삶을 완벽하지 못하게 만드는 이런저런 부족한 것들을 걱정하기 시작해요. 나도 이런 말을 하는 내가 싫지만 실제로 그렇게 되고 말아요."

"우리가 살고 있는 사회에서는 지금 데미안처럼 생각하는 것이 당연하다고 말하고 있어요."

"왜요?"

"에리히 프롬이 한 말이기도 한데요, 후기 산업사회의 모든 토대는 존재보다는 소유를 중시하는 사상을 기반으로 해왔기 때문이죠. 우리는 이런 걸 '진리'라고 배우며 살아왔어요. 하지만 이건 기존

질서에서 용인된 진리일 뿐입니다. 전제前提일 뿐인 거죠. 하지만 대부분이 이 전제를 믿어요. 이 전제는 자극제이자 동시에 덫이 되는 한 문장으로 요약되죠."

"한 문장이요?"

"네. 이 문장이에요.

갖지 못한 것을 갖게 된다면 정말 행복할 것이다.

여기서 '갖지 못한 것'이라는 말은 자동차나 집 같은 물건만 말하는 게 아니에요. 갖지 못했다는 사실 그 자체를 말하는 거예요. 그게 뭐든 상관없죠.

그런데 이걸 바꿔 말해보면, 내가 갖고 싶어 했던 것을 마침내 얻게 된다고 해도 행복해질 수 없다는 말입니다. 물건이든 사람이든 상황이든, 그게 무엇이든 내가 바랐던 것을 얻게 되면 그때부터는 갖지 못한 것이 아니게 되잖아요. 그런데 우리가 행복하려면 갖지 못한 것을 가져야 한다고 말하고 있는 거죠."

"하지만 그런 논법으로는 해결책을 찾을 수가 없잖아요!"

"맞아요. 전제를 바꾸지 않는 한 해결책은 불가능한 일이죠."

"그럴 수 있나요? 전제를 바꾸는 거?"

"제 아무리 유익한 가이드라인이나 올바른 지침이라고 하더라도 수정할 수 있죠. 하지만 대가를 치러야 해요. 기존에 확정되어 있던 가치관을 뒤집으려다 보면 혼란스럽고 갈피를 잡기 어려울 수도 있어요. 그래도 결국 새로운 현실에 부합하는 새로운 질서를 찾을 수 있을 거예요. 이 새로운 시점에 이르면 그 모든 수고와 어려움에 대한 보상을 받게 될 거고요. 우리가 가진 것의 가치를 알아보게 되고, 있는 그대로의 자신을 받아들일 수 있게 되는 거죠."

디오게네스는 누더기를 걸치고 아테네 거리를 배회하다가 남의 집 문간에서 잠을 잤다고 알려져 있다.

어느 아침 디오게네스가 밤을 지새운 어느 집 문가에서 여전히 졸고 있는데 한 부유한 지주가 그 앞을 지나게 되었다고 한다.

"안녕하세요." 점잖은 지주가 말했다.

"안녕하시오." 디오게네스도 인사를 건넸다.

"제가 이번 주에 일이 아주 잘 풀렸거든요. 그래서 이 돈주머니를 드리겠습니다."

디오게네스는 미동도 없이 가만히 지주를 쳐다보았다.

"받으세요. 사기를 치거나 하는 게 아닙니다. 제 것을 드리는 겁니다. 이 돈을 저보다 더 많이 필요로 하실 것 같아서요."

"돈이 많소?" 디오게네스가 물었다.

"그럼요." 부유한 지주는 말했다. "매우 많습니다."

"그럼 지금 가지고 있는 것보다 더 많이 갖고 싶지 않소?"

"물론, 더 갖고 싶죠."

"그럼 이 돈을 가져가시오. 나보다는 당신이 더 필요할 테니까."

이후 두 사람의 대화가 다음과 같이 이어졌다고 말하는 사람들도
있다.

"하지만 먹기도 하셔야 하잖습니까. 그러려면 돈이 있어야 합니
다."

"동전 한 닢은 이미 있소." 디오게네스는 동전 한 닢을 지주에게 보
여주었다. "이거면 오늘 아침으로 먹을 밀 한 컵과 오렌지 몇 개 사
는 데 충분하오."

"그건 맞는 말이네요. 하지만 내일도 식사를 하셔야죠. 그 다음 날
또 그 다음 날에도. 당장 내일은 어디서 돈을 구하실 건가요?"

"내가 내일까지 틀림없이 살아 있을 거라고 장담할 자신이 있다면,
동전 한 닢은 받아주겠소."

35

노인의 기도
체념과 수용의 차이

내 안에서 뭔가 일이 벌어지고 있었다. 지난번에 나눈 돈 이야기와 관계가 있는 것 같았다.

뭔가 대단하고 초월적인 일이 벌어질 것만 같다는 느낌이 들었다.

"그건 자각 증상이에요." 호르헤의 진단이었다.

"자각이요?"

"아니, 판타지나 심리학에서 말하는 그런 어마어마한 '자각' 말고 그냥 '소소한 깨달음'이요.

데미안이 침대에 누워 자고 있었는데 첫 햇살이 창문을 통해 방 안으로 들어오는 걸 보게 된 거죠. 날이 밝아오고 일어날 때가 되었다는 걸 깨달았지만 침대에서 조금 더 뒹굴거리고 싶어 하는 상태인 거예요."

"맞아요. 바로 그거예요. 지금 내 심정이 딱 그래요."

"걱정하지 말아요. 느긋해도 좋아요. 살면서 그런 생각 안 해본 사람은 없을 거예요. 다 알고 있어도 막상 실행이 망설여질 수 있어요."

"나만 이러는 게 아니라니 좀 편안해지네요. 사실 혼란스러웠거든요. 뭐, 흔히 말하는 안도하는 바보가 된 느낌이지만요……."

"안도하는 바보?"

"그 말 모르세요? 바보들은 슬픔을 나누면 안도한다는 이야기요."

"이거 흥미롭네요. 그 이야기가 원래는 그런 내용이 아니었거든요. 원래 문장은 이런 거예요. '슬픔은 나누면 반이 된다.'"

"정말요?"

"정말요! 오만한 사람들은 다른 사람을 믿지 못하잖아요. 그런 사람들은 자기 감정을 남과 나누지 못하니까, 타인과 슬픔을 나누고 편안해지는 사람들을 바보라고 주장하면서 이야기가 달라지게 한 거예요."

"그러면 내가 정말 바보는 아닌 거네요. 좀 낫네요. 이런 상황에 처하게 되니 내가 바보 멍청이가 된 것 같다는 생각이 들었거든요."

"자신이 바보 멍청이 같다는 생각을 하는 게 지금 상황 때문만은 아닐 텐데요." 뚱보 선생이 슬쩍 웃으며 말했다.

"지금 저 놀리시는 거예요?"

"흠, 아마도? 하하. 설마 내가 정말 데미안을 바보라고 생각한다고 오해하지는 말아요. 사실 데미안은 혼란스럽다고 표현했지만, 그보다는 자신의 어떤 면이 다른 사람들보다 더 진화했다는 사실을 받아들이지 못하고 있는 것 같아요. 그게 정상이라는 걸 받아들이지 못하고 있는 거죠.

우리는 모두 같은 방식, 같은 속도로 성장하지 않아요. 사람마다 어떤 면은 매우 크게 발달했지만 또 다른 면은 완전히 불분명할 수도 있어요. 그래서 데미안의 지금 상황을 아침 햇살에 깨어나는 것에 비유한 거예요.

우리는 살아가면서 매우 여러 번 진리를 깨닫고 각성합니다. 별안간 '완벽한' 각성을 하고 모든 진리를 깨닫는 사람이 있을 수도 있어요. 하지만 나는 그렇게 해보지 못했고 그런 경험을 한 사람을 실제로 보지도 못했어요. 예수나 부처 또는 모하메드 같은 이들은 예외로 하고 말이죠."

"그렇지만 저는 예수도 부처도 아닌데……."

"나 역시. 그런 일은 아예 엄두도 내지 마세요. 각성을 100번 못해서 괴로운 99 클럽 회원이 되고 싶지 않다면!"

"말이 나온 김에요……. 99 클럽 이야기 처음 해주셨을 때 현실을 받아들이는 것과 체념하는 건 전혀 다른 문제라고 하셨잖아요. 오늘 그 이야기를 해주시겠어요?"

"안 될 거 없죠!"

옛날 옛날에 작은 마을 외곽에 두 채의 집이 있었다. 그중 한 채에는 재산이 많은 지주 한 명이 살았다. 그는 운이 좋은 사람이었다. 하인들에 둘러싸인 그는 생각할 수 있는 모든 것을 손에 넣을 수 있을 정도로 부자였다.

다른 집은 초라한 판잣집이었다. 그곳에는 노인 한 명이 소박하게 살고 있었다. 노인은 하루 대부분의 시간 동안 기도를 하고, 땅을 경작했다.

노인과 부유한 지주는 매일 마주쳤다. 두 사람은 만날 때마다 몇 마디 말을 주고받았다. 부자는 돈 이야기를 했고, 노인은 신앙에 대해 이야기했다.

"신앙이라!" 부자는 비꼬는 투로 말했다. "어르신이 믿는 신이 전능하다는 말이 사실이라면 그 신에게 돈을 넉넉히 보내달라고 부탁해 보시는 게 어떻겠어요? 그러면 지금처럼 고생하실 필요가 없을 텐데요."

"그거 맞는 말이네." 노인은 대답하고 자기 집 안으로 들어갔다.

다음 날 두 사람은 또다시 마주쳤다. 노인의 얼굴은 행복감으로 빛나고 있었다.

"어르신, 무슨 좋은 일 있으세요?"

"별일 아니라오. 어제 그대의 조언을 쫓아서 오늘 아침에 하느님께 금화 100닢을 달라고 기도했거든."

"아, 정말 그러셨군요?"

"그래. 내가 그동안 착하게 살면서 하느님의 율법을 지켜왔으니 나한테 상을 주셔야 한다고 말했지. 그리고 그 상으로 금화 100닢을 받겠다고도 말했어. 내가 너무 과한 상을 달라고 한 것 같나?"

"제가 어떻게 생각하는가는 중요한 게 아니죠." 부자는 비웃는 듯한 얼굴을 하고 말했다. "중요한 건 하느님이 어떻게 생각하냐는 거죠. 어쩌면 금화 20닢이나 50닢 아니면 92닢 정도가 적절한 상이라고 생각할 수도 있잖아요. 하느님의 생각을 누가 알겠어요?"

"아닐세. 내가 상을 받을 만한 사람인지 아닌지를 결정하는 건 하느님이실지 모르지만 무얼 받을지는 내가 정하는 거지. 내가 뭘 바라는지는 간단명료하잖나. 금화 100닢이야. 20닢이나 30닢 또는 92닢은 절대로 받지 않을 걸세. 금화 100닢을 상으로 달라고 했고, 내 청을 들어주시기로 결정하셨다면 꼭 그렇게 해주실 걸로 믿네. 하느님은 나와 흥정을 하실 분이 아닐세. 나 역시 하느님과 흥정을 벌일 생각이 없네. 100닢을 달라고 해놓았으니 100닢을 보내주실 걸세. 한 닢이라도 적으면 받지 않을 생각이네."

"하! 정말 원하는 게 많은 분이시군요!" 부자는 큰 소리로 말했다.

"하느님이 내게 요구했던 만큼 나도 요구하는 거지." 노인이 대꾸했다.

"어르신의 그 하느님이 정말로 금화 20닢이나 30닢을 보내오면 100닢이 아니라는 이유로 거절하실 수는 없을 것 같은데요."

"아니, 그렇게 할 걸세. 100닢에서 조금이라도 부족하면 거절할 거야. 설령 하느님이 100닢이 너무 적다고 생각하셔서 더 많이 보내시더라도 나는 딱 100닢만 받을 걸세."

"하! 완전히 제정신이 아니시네요. 신이니 뭐니 하는 걸 정말 믿으시는 거예요? 나 원 참! 그리고 뭐, 더 보내도 안 받는다고요? 어디 정말 오늘 말씀하신 것처럼 하시는지 보고 싶네요. 정말로!"

두 사람은 각자의 집으로 돌아갔다.

어찌된 일인지 부자는 노인의 말이 신경 쓰였다.

'뻔뻔스럽기는! 어떻게 금화 100닢에서 한 푼이라도 부족하면 받지 않겠다고 말할 수가 있지? 이런 사람은 웃음거리로 만들어야 해. 그것도 오늘 당장.'

부자는 금화 99닢을 자루에 넣고 이웃집을 찾아갔다. 노인은 무릎을 꿇고 기도를 하고 있었다.

"하느님, 제가 필요한 것을 가질 수 있게 도와주소서. 제게 그럴 만한 자격이 있다고 생각합니다. 제가 금화 100닢을 청했다는 걸 꼭 기억해 주소서. 그저 비슷한 액수로는 만족할 수 없습니다. 정확히 금화 100닢을 주시길 원합니다."

노인이 기도를 하는 동안 부자는 지붕 위로 기어 올라가서 돈 자루를 굴뚝 안으로 던져 넣었다. 그런 다음에 아래로 내려가서 집 안 상황을 염탐했다.

노인은 여전히 무릎을 꿇고 앉아 있다가 굴뚝 안에서 뭔가 떨어지

206

는 금속성 소리를 들었다. 노인은 천천히 자리에서 일어나서 굴뚝 쪽으로 가서 돈 자루를 집어 들고 재와 검댕을 털어냈다.

그런 다음에 식탁 위에 자루 안에 든 것을 모두 쏟아 놓았다. 금화 더미가 그의 눈앞에 나타났다. 노인은 즉시 무릎을 꿇고 앉아서 선물을 보내주신 하느님께 감사 기도를 올렸다.

기도를 끝낸 노인은 식탁에 앉아 금화를 세기 시작했다. 99닢이었다. 금화 99닢!

노인은 하늘에 닿을 정도로 큰 목소리로 분개하며 외쳤다.

"하느님, 이 불쌍한 노인네의 소원을 들어주시려 한 마음은 알겠습니다. 하지만 하늘나라의 금고에는 금화가 딱 99닢만 있었던 모양이네요. 금화 한 닢 때문에 제가 더 기다리는 것을 보고 싶지 않으셨다는 걸 알지만 전에도 말했듯이 저는 한 닢이라도 모자라면 받고 싶지 않습니다……."

'저런 바보 멍청이가 있나!' 부자는 생각했다.

"하지만 저는 하느님을 절대적으로 믿습니다. 그러므로 이번 한 번만 제게 주셔야 하는 금화 한 닢을 언제 주실지에 대해서는 하느님께 맡기고 기다리겠습니다."

"배신자!" 부자는 소리쳤다. "위선자!"

부자는 소리를 지르면서 이웃집의 문을 세게 두드리기 시작했다.

"위선자 같으니라고!" 부자는 연거푸 위선자라는 단어를 외쳤다.

"금화 100닢에서 조금이라도 모자라면 받지 않겠다고 말해 놓고는 이제 와서 금화 99닢을 꿀꺽 삼킬 셈인 겁니까? 당신은 거짓말 쟁이고, 당신의 신앙이라는 것도 다 가짜요!"

"금화 99닢이 생긴 건 어떻게 알았소?" 노인이 물었다.

"그거야 내가 금화 99닢을 보낸 장본인이니까 알고 있죠. 당신이 협잡꾼에 허풍선이라는 사실을 밝히기 위해서 한 일이오. '100닢 에서 조금이라도 부족하면 받지 않을 것'이라더니 말이야."

"정말로 나는 받지 않을 거요. 때가 되면 빠져 있는 금화 한 닢을 내게 보내주실 거요."

"그 하느님은 아무것도 보내주지 않을걸. 아까도 말했지만 그 동전 을 보낸 사람이 바로 나라고요."

"하느님께서 자네를 도구로 써서 내 소망을 이뤄주시려 했는지 아 닌지에 관한 논쟁은 하지 않겠네. 하지만 어떤 경우든 이 돈은 내 집 굴뚝을 통해서 이곳에 떨어졌으니 내 것이네."

부자의 미소는 점차 냉혹한 미소로 굳어져 갔다.

"당신 것이라니? 이 자루와 돈은 내 것이야. 내가 보냈다고."

"하느님께서는 인간이 이해할 수 없는 방법으로 일하신다네." 노 인이 대꾸했다.

"이런 제길. 빌어먹을 하느님 같으니라고! 내 돈 내놔. 그렇지 않으 면 당장이라도 판사 앞에 서게 해줄 테니!"

"나를 심판할 수 있는 유일한 존재는 하느님이시오. 하지만 나는 이 문제를 판사에게 맡기는 데 전혀 이의가 없네."

"좋아요. 그러면 당장 갑시다."

"그런데 내가 마차를 살 때까지 좀 기다리게. 우리 집에 마차가 없거든. 나 같은 노인이 읍내까지 걸어서 갈 수는 없단 말이지."

"기다릴 필요 없어요. 내 마차를 쓰면 되니까."

"그렇게 배려해준다니 정말로 고맙군. 그 오랜 세월 동안 단 한 번도 도움을 주지 않더니만. 좋소. 하지만 혹한기가 지날 때까지는 기다려야 할 거요. 밖은 매우 추운데 내 몸 상태로는 쓸 만한 코트 없이 읍내로 가는 여행길을 견딜 수가 없을 테니 말이오."

"그런 식으로 일을 미루려는 모양인데. 내 털 코트를 드리죠. 그러면 바로 길을 나설 수 있을 테니. 자, 어디 또 변명거리를 대 보시죠?"

"그렇다면 거절하지 않겠네."

노인은 털 코트로 몸을 감싸고 마차에 올라서 읍내로 출발했다. 부자는 다른 마차를 타고 그 뒤를 따라갔다.

읍내에 도착하자 부자는 서둘러 판사에게 접견을 요청했다. 잠시후 치안판사가 법정에 나와 둘의 이야기를 들어주었다. 부자는 노인의 신앙심이 거짓이라는 걸 증명하기 위해서 계획을 세운 이야기며 굴뚝으로 돈 자루를 던져 넣었는데 노인이 다시 돌려주지 않는다는 이야기를 상세히 했다.

"그럼 이번엔 어르신의 이야기를 들어보죠." 판사가 말했다.

"존경하는 판사님, 저는 옆집 사람과 맞서기 위해 이곳에 와야 해서 놀랐습니다. 이분은 이 지역에서 가장 큰 부자입니다. 이 사람은 단 한 번도 누구를 돌봐준 적도 없고, 자선 행사 같은 곳에 모습을 드러낸 적도 없습니다. 그러니 제 변호를 애써 할 필요도 없다고 생각합니다. 이런 구두쇠 같은 사람이 금화 100닢에 가까운 큰 돈을 자루에 넣어서 옆집 굴뚝에 집어 던졌다고 하면 믿을 사람이 누가 있을까요? 제 생각에는 저 형편없는 사람이 나를 염탐하다가 내 돈을 보고 욕심이 나니까 이런 이야기를 꾸며낸 것 같습니다."

"꾸며냈다고? 이런 빌어먹을 노인네 같으니라고!" 부자는 큰 소리로 외쳤다. "내가 말한 게 다 사실이라는 걸 누구보다도 잘 알고 있잖아. 심지어 그 돈을 신이 준 거라고 믿지도 않으면서. 내 돈 어서 돌려 줘."

"판사님, 이 사람은 정신적으로 문제가 있는 게 분명합니다."

"당연하지! 도둑을 맞았는데 제정신이겠어? 당장 내 돈 내놔."

판사는 놀라서 말을 할 수가 없었다. 두 사람의 변론을 들었으니 결정을 내려야 했지만 어떻게 해야 공정할지 판단이 서질 않았다.

"내 돈을 돌려 줘, 이 음흉한 영감탱이야!" 부자가 흥분해서 외쳐 댔다. "그 돈은 내 거야, 내 거라고."

부자는 갑자기 노인과 자신을 갈라놓고 있던 나무 난간을 뛰어넘어서 노인이 들고 있던 돈 자루를 낚아채려 했다.

"멈추세요!" 판사가 소리쳤다. "그만, 자리로 돌아가세요!"

"보셨죠, 판사님? 이 사람은 탐욕으로 미쳐버린 겁니다. 이 돈 자루를 낚아채 가는 걸 보니 제가 타고 온 마차도 자기 거라고 주장한 대도 놀랍지가 않을 것 같습니다."

"당연히 내 것이지." 부자는 재빨리 응수했다. "내가 당신한테 빌려준 거잖아."

"보셨죠? 이러다가는 제 코트도 자기 것이라고 주장하겠네요."

"당연히 내 코트지!" 이제 부자는 광분하며 고함을 질렀다.

"정숙하세요!" 판사는 더는 의심의 여지가 없다고 생각하면서 말했다. "부끄럽지도 않습니까? 이 가난한 노인이 그나마 가지고 있던 것을 그렇게 빼앗으려 하다니요!"

"하지만…… 하지만……."

"그만! 정숙하세요."

판사는 판결을 내렸다.

"원고는 이 불쌍한 노인을 갈취하려 하였던 바 일주일의 징역형과 피고에게 보상금으로 금화 200닢을 지불할 것을 선고한다."

"판사님, 죄송합니다만, 제가 한 말씀 드려도 될까요?" 노인이 나섰다.

"그러시죠."

"제가 보기에는 이 사람이 이미 이 일로 교훈을 얻은 것 같습니다. 젊은이가 값진 교훈을 얻은 계기가 되었으니 감형을 부탁드리고 상징적인 벌금만 부과해 주실 것을 청원드리고 싶습니다."

"정말 너그러우시군요. 그래서 보상금을 얼마나 원하십니까? 금화

100닢? 아니면 50닢?"

"아닙니다, 판사님. 금화 한 닢이면 충분한 벌이 될 거라고 믿습니다."

판사는 미소를 짓더니 의사봉을 힘차게 내리치면서 선고했다. "본 재판정의 생각은 변함이 없었으나 피고의 관대함 덕분에 원고에게 금화 한 닢을 보상금으로 선고한다. 보상금은 여기서 지금 당장 지급하세요."

"거부합니다!" 부자는 소리쳤다. "이의 있습니다!"

"이 신사분의 관대한 제의를 거부하고 그보다 더 비우호적인 법정 선고형을 택하겠다면야 말리지 않겠습니다."

부자는 체념하고 금화 한 닢을 꺼내서 노인에게 건네주었다.

"사건을 종결합니다." 판사가 말했다.

부자는 황급히 자리를 벗어났다. 판사는 노인에게 작별 인사를 하고 퇴정했다. 혼자 남은 노인은 고개를 들고 하늘을 향해 말했다.

"하느님, 감사합니다. 이제 제게 빚지신 건 없습니다."

"데미안, 이걸로 수용과 고군분투에 관한 깨달음을 완성하는 데 필요한 퍼즐 조각을 모두 보여준 것 같네요.

체념과 수용은 전혀 별개의 것입니다."

36

일곱 시에 멈춘 시계

깨달음의 순간

나는 깨달음의 시간을 보내고 있었다.

내가 한층 성장했다는 게 느껴졌다. 안에서 뭔가가 샘솟는 것만 같았다. 나는 지식을 습득할 뿐만 아니라 더 현명해지고 있었다. (겸손은 아직 내게 어려운 일인 것 같다.) 생각은 명료해지고, 나 자신에게 더 집중할 수 있었다.

모든 것이 환상적이었다. 삶이 내가 원하는 대로 풀려가지 않을 때도 있었지만 침착하게 현실을 수용함으로써 두려움 없이 어려움을 마주할 수 있게 되었다.

"이건 정말 멋진 경험이에요. 뚱보 선생님은 항상 이렇게 세상을 느껴온 건가요?"

"그렇게 생각하나요?"

"제가 느끼고 있는 게 각성의 일부라면, 선생님은 늘 이렇게 환상적인 기분으로 살아왔을 거 아니에요. 분명 저보다 더 많이 깨달으셨을 테니까."

"아니요." 호르헤가 대답했다. "늘 그런 건 아니에요."

"흠, 그럼 하나 물어볼게요. 다른 사람들 그러니까 대부분의 사람들도 깨달음의 순간과 어둠의 순간을 경험하나요?"

"그럴 거라고 생각해요. 〈7시에 멈춘 시계〉라는 파피니의 글이 생각나네요."

"그 이야기를 들려주시겠어요?"

"물론이죠. 아주 정교하게 쓰인 그 이야기가 가진 아름다움이 4분의 3 정도 훼손될 것 같지만, 뭐 감안하고 들어요."

〈7시에 멈춘 시계〉는 한 남자가 자신의 침실에서 혼자 외롭게 있으면서 쓴 독백체 글이다.

내 방 한쪽 벽에는 더는 움직이지 않는 아름다운 골동품 시계가 걸려 있다. 영원히 멈춰 버린 것 같은 시계 바늘은 무심하게 같은 시간만 가리킨다. 정각 7시.

하루 중 대부분의 시간 동안 이 시계는 휑한 흰 벽에 걸린 쓸모없는 장식물에 불과하다. 하지만 하루에 딱 두 번, 눈 깜짝할 시간 동안 이 낡은 시계는 잿더미에서 솟아나는 불새가 된다.

도시의 모든 시계가 정신없이 움직이다가 7시를 알리려 잠시 멈추면, 그들의 뻐꾸기가 울면서 반복되는 노래를 들려주면, 바로 그때 내 침실의 낡은 시계는 되살아난다. 하루에 두 번, 아침과 저녁에, 시계는 우주의 모든 것들과 완벽한 조화를 이룬다.

이 시간에 누군가 이 시계를 본다면, 시계가 완벽하게 작동하고 있다고 말할 것이다. 하지만 그 짧은 순간이 지나고, 다른 시계가 노래를 멈추고 제 갈 길을 갈 때, 작은 바늘과 큰 바늘이 단조로운 움직임을 이어갈 때도, 나의 시계는 쳇바퀴에서 벗어나 한때 멈췄던 그곳에 정확히 서 있다.

나는 저 시계가 좋다. 저 시계에 대해 이야기하면 할수록 더 좋아진다. 시계와 내가 가진 공통점이 점점 더 많아지는 것 같기 때문이다.

나도, 그렇게, 찰나에 묶여 있다. 나도, 그렇게, 묶여 움직이지 않는다. 텅 빈 벽에 걸린 쓸모없는 장식물처럼, 나도, 그렇게.

그리고 나도, 그렇게, 내 찰나의 시간을 즐긴다. 신비하게 찾아오는 그 순간에, 내가 살아 있다고 느껴지는 그 순간에. 모든 것은 명료해지고 세상은 경외심을 일으킨다. 나는 창조하고, 꿈꾸고, 하늘을 날고, 말하고, 느낄 수 있다. 다른 모든 시간을 통틀었을 때보다 더 많은 것을 그 순간에 느낀다. 이 조화로운 순간은 분명 존재하고 계속해서 반복된다, 마치 멈출 수 없는 시간처럼.

처음 그 순간을 느꼈을 때, 나는 그 순간에 매달리려고 했다. 그 순간이 영원히 지속되게 만들 수 있으리라 생각했다. 하지만 그럴 수 없었다. 나의 친구, 멈춰 선 시계처럼 나는 다른 사람들의 시간을 따라갈 수 없다.

그 순간들이 지나고 나면, 다른 사람들의 집에 있는 시계들이 자신들의 궤도를 따라 계속 나아갈 때, 나는 활기 없이 단조로운 정지 상태로 되돌아간다. 나의 직장으로, 카페의 소음으로, 내가 삶이라 부르는 지루한 매일의 방식으로 돌아가는 것이다.

하지만 나는 그 삶이야말로 정말 특별한 무언가라는 사실을 알고 있다. 현실의 삶이란 우리가 우주와 조화를 이루고 있다는 사실을 감지하게 해주는 아주 짧은 순간들의 총합이란 것을.

사람들은 대부분 자신이 늘 살아 있다고 믿는다, 불쌍한 사람들. 우리가 완전한 삶을 사는 때는 오직 찰나뿐이다. 그걸 모르는 사람들, 그리고 영원히 살려고 하는 사람들, 그들은 일상이라는 잿빛 세계를 반복적으로 겪게 될 뿐이다.

그래서 나는 너를 사랑한다, 낡은 시계여. 너와 나, 우리는 똑같은 존재이기 때문에.

"어쩌면 우리 모두는 단지 몇 번의 순간에만 진정으로 조화로운 삶을 경험할 수 있을지 모릅니다. 그러니 데미안, 즐겨요. 지금 이 깨달음의 순간이 너무나도 빨리 지나가 버릴 수 있으니까요."

렌틸콩 스프
진짜 가치 있는 일

다시 한 번 뚱보 선생의 말이 맞았다.

완벽한 각성과 조화로움을 경험하는 시간이 지난 후 그 자리를 대신한 것은 진리에 관한 지긋지긋한 의문과 다른 사람에 대한 의심, 나에 대한 회의감이었다. 나의 성장을 막아선 것은 어쩌면 너무 사소하게 보이는 일이었다. 내 동료가 1년에 세 번이나 월급 인상을 받은 것이다! 나는 일에 관해 상당히 객관적으로 판단하는 사람이라고 자부한다. 그리고 나는 내 동료보다 일을 잘하고 유능하다고 확신하고 있다.

"문제는 에두아르도가 딸랑이라는 거죠."

"뭐요?"

"딸랑이요. 아첨하고 아부하는 사람 말이에요."

"딸랑이라고 하는 걸 보니 정말 이상한 행동을 하는 모양이군요."

"늘 사장 뒤를 쫓아다니면서 자기가 한 일을 미주알고주알 보고하고, 모든 일이 다 성공적이었다고 자화자찬을 해요. 그리고 자기가 해결하지 못한 문제는 늘 최소화하죠."

"데미안의 이야기로 보자면 사장은 거기에 넘어간 모양이군요."

"네, 결국에는 아첨꾼이 늘 이기니까요."

"사장에게 이런 이야기를 한 적이 있나요?"

"물론 했죠. 사장은 내가 매사에 문제를 제기한다고 했어요. 내 태도가 좋지 않아서 업무를 높이 평가받지 못하는 거라고요."

"그럼 다르게 말하면, 데미안은 이런 얘길 들은 거네요. 에두아르도처럼 아첨꾼이 되면 승진도 하고 업무 평가도 잘 받고 월급도 더 받을 수 있다고?"

"그렇게 들렸어요."

"그렇다면 간단한 일인 것 같은데요. 데미안은 목표가 있고, 그 목표를 이루기 위해 뭘 해야 할지도 알고, 능력도 갖추고 있잖아요. 뭘 더 바라죠? 다 데미안에게 달려 있잖아요."

"나는 거부하고 있어요."

"뭘 거부해요?"

"돈 좀 더 받자고 예스맨이 되는 걸 거부하고 있단 말입니다."

"좋아요, 데미안. 하지만 이 시나리오가 직장에만 적용된다고 생각하지 말아요."

"이게 내 삶의 다른 영역과 어떻게 관련이 되어 있다는 건지 모르겠네요. 뚱보 선생님과 겪어온 일들을 기준으로 보면 모든 건 늘 '연결'되어 있다고 보는 게 맞겠죠. 하지만 난 모르겠어요."

"학교에서 친구인 리카르도가 조별 과제를 같이 할 사람으로 데미안이 아닌 다른 사람을 선택했을 때도 비슷하게 느끼지 않았나요?"

"그랬네요."

"몇 달 전에는 친구 로라가 데미안과 거리를 두기 시작했다는 말도 했죠? 로라가 듣고 싶은 말을 해주는 사람들하고만 어울리려 해서 그렇게 되었다고 했고요. 그때도 같은 기분이지 않았나요?"

"그랬죠! 같은 기분이었어요. 그러니까, 결국 당신이 외톨이가 되고 싶지 않다면 진짜 당신이 아닌 채로 살아야 합니다, 라는 결론인가요?"

"1인칭을 사용하세요."

"나는 외톨이 신세가 되지 않기 위해서 사람들에게 아첨해야 하고, 틀린 말을 하는 사람에게도 동의해야 하고, 억지로 친절하게 굴거나 억지로 무던한 사람이 되어야 합니다. 그리고 닥치고 조용히 있든가 아니면 오직 '네'라는 대답만 해야 하죠."

"그렇게 하는 것도 한 가지 방법이죠. 하지만 디오게네스처럼 하는 것도 가능하죠."

"디오게네스처럼 하는 게 뭐죠?"

"디오게네스 방식이죠."

어느 날, 디오게네스는 남의 집 문가에 앉아서 렌틸콩 스프를 먹고 있었다. 아테네에서 렌틸콩 스프를 먹는다는 건 극빈자라는 뜻이다.

황제의 신하 한 명이 그 옆을 지나다 디오게네스에게 말했다.

"오, 디오게네스! 조금만 고분고분하게 굴고, 황제에게 잘 보이는 법을 배웠더라면 그렇게 렌틸콩을 먹지 않아도 되었을 텐데."

디오게네스는 식사를 멈추고 고개를 들어서 그 부유한 관리를 똑바로 쳐다보았다.

"오 슬프네, 친구여. 자네가 렌틸콩 먹는 법을 배웠더라면 그렇게 고분고분하게 굴거나 황제에게 잘 보이려 애쓸 필요도 없었을 텐데 말이야."

"이게 바로 디오게네스의 방식이에요. 자존감을 지키는, 타인의 인정보다 자신의 존엄성을 더 중시하는 방법이요.

우리는 누구나 타인의 인정이 필요합니다. 하지만 그에 대한 대가로 진짜 자기 모습을 살지 못하게 된다면, 너무나 비싼 대가가 아닐까요?"

신이 되고팠던 왕

가치와 가격은 다르다

생각해보면 세상에는 비싼 대가를 치러야만 하는 일이 너무 많았다. 기분 좋은 일은 아니었다.

"쳇바퀴를 굴리고 있는 것 같아요. 제자리걸음에 불과한 달리기를 멈출 수가 없네요. 뭔가를 위해 대가를 치러야 할 때 그 가격이 비싼지 싼지, 공정한지 아닌지를 어떻게 미리 알 수 있죠? 물건은 가격이 어느 정도 정해져 있으니 쉽겠죠. 하지만 다른 것들의 가격은 어떻게 측정하죠?"

"먼저 '비싸다'는 게 무슨 의미인지부터 알아보죠. 높은 가격을 치렀다는 건 무슨 의미일까요?"

"높은 가격을 치렀다는 건 돈을 많이 냈다는 거죠."

"그럼 먼저 물질적인 걸로 이야기를 해보죠. 10억 원은 많은 건가요?"

"물론 그렇죠."

"그럼 한 번에 많은 승객과 짐을 나를 수 있는 10억짜리 항공기는 비싼 물건인가요?"

"그거야…… 누가 사느냐에 따라 다르죠. 나한테라면 비싼 거죠."

"왜요?"

"지금 저한테는 10억이 없거든요. 그런 돈을 구할 방법도 없고요."

"아니요, 데미안. 지금 잘못 비교하고 있는 거예요. 데미안에게 돈이 있든 없든 10억짜리 항공기는 싸다고 느낄 수 있어요."

"어떻게요?"

"비싼지 싼지를 결정하는 건 가격과 가치(어떤 쓸모가 있는가)의 비교 값이지 가격과 내가 가지고 있는 것의 비교 값이 아니에요. 그러니 데미안, 비싸다는 건 해당 물건의 가치보다 돈이 더 많이 든다는 의미예요."

"가치보다 더한 것이라……, 그래요. 내가 비싼 대가를 치를 일이 너무 많다고 느낀 건 그런 거군요. 이제 알겠어요."

"자, 이제는 비물질적인 걸 이야기해 봅시다.

비물질적인 것의 대가가 공정한지 아닌지를 결정하는 건 상당히 주관적인 면이 있어요.

우리 모두가 가지고 있지만 미처 그 값어치를 깨닫지 못하는 귀중한 '재산' 중 하나는 바로 존엄성입니다. 우리의 존엄성, 우리의 자존감은 매우 소중해요. 전에도 말했지만 이것을 돈을 주고 사야 한다면 그 가격은 언제나 꽤 높습니다."

옛날 옛날에 허영심으로 똘똘 뭉친 왕이 살았다. 허영심의 끝은 언제나 사람들을 미치게 만드는 것이다.

왕은 궁 안에 사원을 세우라는 명령을 내렸다. 그리고 그 사원에는 왕의 형상을 한 대형 조각상을 세우도록 했다.

매일 아침, 식사를 마친 왕은 사원으로 가서 거대한 조각상 앞에 무릎을 꿇고 앉았다.

그러던 어느 날, 왕은 신도가 한 명뿐인 종교는 훌륭한 종교가 될 수 없다는 생각을 하고 더 많은 신도가 있어야 한다는 결론을 내렸다.

왕은 모든 근위병이 하루에 한 번 이상 조각상 앞에서 무릎을 꿇어야 한다는 칙령을 선포했다. 곧 모든 신하와 대신들도 같은 일을 해야 했다.

시간이 지나면서 왕의 광기는 더욱 극심해졌다. 궁 안의 사람들만으로 만족하지 못한 왕은 근위대에게 시장에 가서 가장 먼저 만난 사람 세 명을 데리고 오라는 명령을 내렸다.

"백성들이 나를 얼마나 믿고 있는지 알아봐야겠어. 내 조각상 앞에서 절을 하라고 명령해야지. 그자들이 현명하다면 절을 할 것이고, 그렇지 않다면 살 자격이 없는 거야."

근위대는 시장에서 가장 먼저 만난 세 명을 사원으로 끌고 왔다.

학자와 사제와 거지 한 명이었다. 세 사람은 왕 앞에 서게 되었다.

"이것이 진정한 신의 형상이다. 그 앞에서 무릎을 꿇어라. 그렇지 않으면 네 목숨을 제물로 바치겠다."

학자는 생각했다. '왕은 제정신이 아니니 절을 하지 않으면 정말 나를 죽일 거야. 이건 불가항력이라고. 재판도 없이 사형이 집행될 수 있는 상황이라는 걸 감안하면 내 행동을 나쁘게 평가하는 사람은 없을 거야. 내 목숨을 구해야 사회에 기여하는 일을 계속할 수 있잖아.' 그래서 학자는 조각상 앞에서 무릎을 꿇었다.

사제는 생각했다. '왕은 완전히 미쳤어. 협박만 하는 게 아니라 정말 나를 죽일 거야. 나는 신의 선택을 받은 사람이야. 그러니 조각상의 유무는 중요하지 않아. 내가 여기서 무릎을 꿇는다고 해도 사실은 신을 기리는 일이 되는 거야.' 그래서 사제는 무릎을 꿇었다.

이번엔 거지 차례였다. 거지는 미동도 없이 가만히 있었다.

"무릎을 꿇어라." 왕이 말했다.

"왕이시여. 저는 이 나라에서 받은 것이 없습니다. 사람들은 문가에 선 저를 발로 차서 쫓아내기만 했습니다. 또한 이 나라에서 누군가의 선택을 받아본 적도 없습니다. 제 머리에 있는 이 몇 마리 말고는 아무도 저를 선택하지 않았습니다. 그래서 이런 바보 같은 행동까지 하면서 구해야 할 정도로 제 목숨이 가치 있다고 느끼지 못합니다. 그러니 왕이시여, 저는 여기서 무릎을 꿇어야 할 합당한 이유를 찾지 못했습니다."

전해지는 바에 따르면 거지의 말이 왕에게 어떤 깨달음을 주었다고 한다. 이 일로 왕은 광증을 고쳤고, 사원은 아름다운 정원으로, 대형 조각상은 색색의 꽃들로 바뀌었다고 한다.

십계명

마음의 양면

이야기 속의 왕은 거지의 이야기를 듣고 큰 깨달음을 얻었다. 나는 등줄기를 스쳐가는 오싹함을 느꼈다. 다시 한 번 장막이 걷히면서 내 마음속을 어지러이 오가던 수많은 상황과 사건들, 생각과 사고방식들이 고스란히 드러나는 것이 느껴졌다.

'싼 것'과 '비싼 것'의 의미를 발견한 그 순간에 내 삶의 의미는 완전히 달라졌다.

그동안 살면서 터무니없이 높은 값을 치렀던 일이 너무 많았다! 너무 값싸게 평가했다는 사실을 전혀 모른 채 당연하게 받아들인 것도 너무 많았다! 헛된 것에 대한 탐욕과 진정 소중한 것을 낭비하는 잘못된 방법의 양극단을 오가며 살아왔다.

내 안에는 서로 우위를 차지하기 위해 죽을 듯 경쟁하는 2인조가 살았다. 수전노와 낭비벽. 그것은 호르헤가 자주 언급했던 양극단 사이의 줄다리기였다.

생각해보면 이상하게도 이 세상의 모든 것은 쌍을 이룬다. 모두 상반되는 짝이 있다.

"모든 지킬 박사에게는 하이드가 있어요." 호르헤가 말했다.

"늘 그런가요?"

"그럼요. 우리가 사는 이 세상은 음양으로 파악할 수 있어요. 하나의 단일하고 분할할 수 없는 전체를 구성하는 두 부분이죠. 이 두 반쪽을 이해하기 위해서 각자를 구분해볼 순 있지만, 둘이 따로 존재할 수는 없어요."

뚱보 선생은 자리에서 일어서더니 벽장 쪽으로 갔다. 한참 어지러운 벽장 안을 뒤지다가 마침내 손전등을 꺼내들었다. 손전등의 전원을 켜도 불이 켜지지 않자 서너 번 탕탕 두드려서 작동하게 만들었다. 그런 다음에 실내조명을 끄고 블라인드가 쳐진 창문에 손전등을 비췄다.

"빛이 보이나요?" 호르헤가 물었다.

"그럼요. 보이죠."

"왜죠?"

"손전등이 켜져 있으니까요." 나는 당연한 질문에 당연한 답을 했다. 호르헤가 손전등으로 무슨 말을 하려는 건지 짐작도 할 수가 없었다.

"그럼 이제는 블라인드를 걷어 올려봐요."

나는 시키는 대로 했다.

"이제는 어떤가요?" 호르헤는 손전등을 다시 창문에 비추면서 물었다. 창문에는 한낮의 태양빛이 쏟아지고 있었다.

"뭐가요?" 내가 물었다.

"손전등이 켜져 있나요, 꺼져 있나요?"

"모르겠는데요."

"모른다는 게 무슨 말이죠? 빛이 안 보이나요?"

"네. 지금은 볼 수가 없어요."

"왜 안 보이는지 알아요?"

"그거야, 태양이⋯⋯." 나는 뭔가 설명해보려 했다.

"손전등 빛이 안 보이는 건 어둠이 없기 때문이에요. 빛을 인식하기 위해서는 어둠이 필요하죠. 세상 만물은 상반되는 것과의 관계 속에서 존재합니다. 어둠과 빛이 그렇고, 밤과 낮이 그렇잖아요. 강함과 약함 역시 마찬가지죠."

뚱보 선생은 손전등을 끄고 벽장 안에 던져 넣은 다음 자리에 앉아서 말을 이어나갔다. 환희에 찬 듯한 목소리였다.

"이것이 바로 세상이 작동하는 방식입니다. 그리고 우리의 내면에서도 같은 일이 벌어지고 있죠. 우리 안에 연약함이 없다면 강함을 어떻게 감지할 수 있겠어요? 우리가 무지한 적이 없다면 어떻게 배울 수 있겠어요?

모든 자질, 문제, 도덕성, 결점은 우리 안에 있습니다. 그에 필적

하는 것들도 함께 있죠. 그러니까 내 말은 온통 좋고 착하기만 한 사람은 없다는 겁니다. 항상 똑똑하기만 할 수 없고, 늘 용감할 수만은 없다는 거죠. 우리의 선량함과 총명함, 용기는 늘 악함과 어리석음, 비겁함과 공존합니다. 자신의 우월함을 뽐내는 사람들은 사실 스스로가 열등하다고 느끼고 있다는 말을 들어 본 적 있을 거예요. 정말 그래요.

우리의 성격도 이와 같죠. 다른 것보다 더 많이 드러나는 성격적 특성이 있다고 해서 그 특성이 다른 특성보다 우세하다고 볼 수는 없어요. 오히려 반대되는 특성을 은폐하고 회피하고 맞싸우고 억누르려는 노력이 표출된 것일 수 있죠."

"하, 그러니까, 뚱보 선생님 말씀대로면 착해 보이는 사람들이 사실 속으론 음흉한 마음을 품고 있다는 거네요." 나는 화가 나서 끼어들었다.

"글쎄요, 좀 멀리 갔네요. 꼭 그렇다는 건 아니에요. 내가 말하려는 건 때론 그런 경우가 정말로 있다는 겁니다. 분명히 말하지만 착한 사람은 자신 안에 있는 나쁜 사람에 대한 대비도 해야 해요. 뭘하든, 실제론 대가가 필요하니까요. 절대 공짜가 아니죠. 중요한 건 우리가 스스로 뭘 숨기려 하는지, 그리고 왜 숨기려 하는지 알아야 한다는 거예요."

"됐어요! 그만하세요." 나는 화가 가라앉지 않았다.

"알았어요, 흥분하지 마시고. 그럼 가기 전에 이야기 하나 해줄까요."

어느 날 수백 명의 영혼들이 천국 문 앞에 모였다. 그날 죽은 사람들의 몸에서 빠져나온 영혼들이었다.

출입문을 통제하는 성 베드로가 나타나 말했다.

"십계명을 얼마나 잘 지켰는지에 따라 세 그룹으로 나눌 것이다. 첫 번째는 모든 십계명을 최소한 한 번씩은 어긴 적이 있는 사람. 두 번째는 십계명 중 최소한 하나의 계명을 한 번 이상 어긴 사람. 마지막으로 세 번째, 여기에 분류되는 사람이 제일 많을 거라 생각하는데, 살면서 십계명을 단 한 번도 어긴 적이 없는 사람이다."

성 베드로는 계속 말을 이어갔다.

"그럼, 십계명을 모두 어긴 자들은 오른쪽으로 이동하라."

절반이 넘는 영혼이 오른쪽으로 움직였다.

"남은 자들 중 최소한 한 번 이상 계명을 어긴 이들은 왼쪽으로 이동하라."

남아 있던 영혼들이 우르르 왼쪽으로 움직였다. 정확히 말하면 모든 영혼이 왼쪽으로 간 것은 아니었다. 딱 한 영혼이 남아 있었다.

가운데 남아 있는 영혼은 단 한 번도 계명을 어기지 않았다. 그는 평생 동안 착하게 살려고 노력했다. 좋은 생각과 좋은 말, 좋은 행동만 하며 살았다.

성 베드로는 충격을 받았다. 오로지 한 영혼뿐이라니!

베드로는 즉시 하느님에게 현재 상황에 대해 알렸다.

"어쩌하면 좋을까요? 원래 계획대로 한다면 중앙에 남은 저 불쌍한 자는 살아 있을 때 하느님의 계명을 지킨 덕을 보는 게 아니라 아무도 없는 곳에서 외로이 지내야만 합니다. 평생의 보상으로 지루하고 심심해 죽을 것 같은 영생을 얻게 되는 거죠. 뭔가 조치를 취해야 할 것 같습니다."

할 수 없이 하느님이 영혼들이 모여 있는 곳에 나타나 말했다.

"지금이라도 회개하는 이들은 그 죄를 용서할 것이다. 회개한 자들은 티 없이 순수해진 영혼이니 이제 중앙으로 돌아오라."

영혼들은 한두 명씩 중앙으로 천천히 이동해왔다.

"잠깐만요! 이럴 순 없습니다! 이건 배신입니다!" 어디선가 외치는 목소리가 들렸다. 바로 죄를 전혀 짓지 않았던 영혼의 목소리였다. "이건 너무 불공평한 것 아닙니까? 이렇게 용서받을 줄 알았다면 저도 평생을 낭비하지 않았을 것입니다!"

아슈람 고양이

과잉일반화

"뚱보 선생님, 치료를 잠시 쉬고 싶다고 하면 어떻게 될까요?"

"무슨 뜻이죠? 무슨 일이 있나요?"

"우리 둘과, 이 상담치료는 어떻게 될까요?"

"데미안, 무슨 말인지 이해할 수가 없네요."

"그러니까, 제가 잠시 상담치료를 쉬어도 괜찮을지 묻는 거예요."

"나한테 뭘 묻고 싶은 건지 확실히는 모르겠네요. 만약 스스로가 한동안 상담치료를 받지 않고 지낼 수 있는지 궁금한 거라면, 지금 이 시점에서 내 답은 '당연히 그럴 수 있어요'입니다. 아무 문제 없을 거예요. 데미안이 하고픈 일을 결정했다면, 그게 뭐든 그 길을 혼자 갈 수 있다고 굳게 믿고 있습니다."

불편한 대화였다. 대화를 하는 내내 뚱보 선생의 얼굴에 맺힌 미소만이 위안이 되었다. 호르헤에게 치료 중단에 관한 허락을 받으려고 왔다. 그런데 호르헤는 그냥 허락하는 정도가 아니라 제발 그렇게 하라고 나를 부추기고 있었다.

"이건 뭐죠? 뚱보 선생님, 지금 저를 쫓아내시는 건가요?" 나는 호르헤가 안심시켜 주기를 기대하면서 투정조로 말했다.

"데미안, 미쳤어요? 치료를 잠시 쉬어도 되냐고 묻기에 그래도 된다고 말해줬더니, 이번에는 나보고 쫓아내는 거냐고 투정을 부리다뇨? 내가 어떤 반응을 보여주기를 기대했던 거예요?"

"다른 상담치료사들처럼 붙잡는 시늉이라도 하셨어야죠. 이렇게 열의 없는 반응은 좀 놀랍네요."

"내가 실제로 어떤 반응을 보일 거라고 생각했는지 말해줄래요."

"그리 극적인 건 아니었어요. 그냥, 지금껏 내가 만난 상담치료사들은 치료를 그만 받겠다는 말을 상담치료에 대한 반감으로 해석하더라고요."

"나도 그런 식으로 나올 거라 기대한 거예요?"

"논리적으로는 아니죠. 하지만 아마도 약간은 그런 반응을 원했나 봐요. 아니면 나한테 소리를 지르면서 미친 듯이 화를 내고 나서 발로 뻥 걷어차 버릴 거라고 생각했든가."

"좋아요. 지금 데미안의 행동을 다시 해석해 볼게요. 그런 말을 하면 내게 데미안이 얼마나 중요한 사람인지 확인시켜 주리라고 생각한 거군요. 데미안이 떠나면 내 마음이 무척 아프고 데미안을 못 보게 된다는 건 상상도 할 수 없다고 말해주기를 기대한 거예요."

속마음을 완전히 들켜버린 것 같았다.

"그럼 이번에는 진지하게 말할게요." 뚱보 선생님은 말을 이어갔다. "이 문제는 당연히 내게 중요한 일이에요. 나는 데미안을 무척아껴요. 하지만 데미안이 나를 떠나는 것 자체만으로는 마음이 아프지 않아요. 그건 데미안의 선택이니까요. 솔직히 그런 일이 벌어져도 나는 괜찮을 거예요. 화를 내거나 데미안을 발로 차버리는 일도 절대로 하지 않을 거예요."

"그거 말고도 다른 가능성도 있다고 생각했어요……." 나는 말을끝맺을 수가 없었다.

"다른 가능성?" 뚱보 선생이 내 말을 되풀이하면서 다음 말을 재촉했다.

"다른 가능성은 저를 그냥 하고 싶은 대로 하라고 내버려 두는 거죠. 지금 하는 것처럼."

"그게 왜 문제가 되죠?"

"그렇게 말하시니 문제가 없는 거겠죠."

"점점 데미안의 말을 이해하기가 어려워지네요."

"그런데 만약……."

"만약?"

"내가 다시 돌아오고 싶으면요?"

"데미안이 다시 돌아오고 싶으면요?"

"그래도 되나요?"

"안 될 이유가 있나요?"

"다른 사람들에게서 상담치료를 잠시 쉬기로 했을 때 일어난 끔찍한 일들에 대해 들었거든요. 재발할지 모른다는 은근한 협박부터 노골적으로 큰 문제가 생길 거라는 저주를 받기도 했대요. '지금 나가면 다신 돌아올 수 없다'며 으름장을 놓기도 하고요."

"아하! 그래서 그렇게 조심스럽게 이야기를 꺼낸 거로군요. 그렇지 않아요. 원하면 언제든지 치료를 중단해도 좋아요. 물론 데미안이 혼자 있어도 괜찮은 시기여야 하지만요. 또 원하면 언제든지 다시 돌아와도 돼요. 단 양측이 모두 납득할 만하고 데미안에게 도움이 될 상황이어야 해요."

뚱보 선생은 말을 멈추고 마테차를 내렸다.

"이번 일은 사람들이 늘 저지르는 과잉일반화네요. 특정한 상황에서 통했던 특정 규칙을 멋대로 확대해석해서 적용하는 거 말이에요."

"늘 저지르는 일이요?"

"뭐, '매우 자주'라고 고쳐 말하죠. 이야기 하나 해줄까요?"

옛날 옛날에 수행자들이 머무는 인도의 아슈람 중 한 곳에서 있었던 일이다. 그곳에는 스승 한 명을 모시고 제자 여럿이 살고 있었다. 하루에 한 번, 해가 지고 나면 스승은 제자들을 만나 가르침을 전했다.

그러던 어느 날, 아름다운 고양이 한 마리가 아슈람에 나타나서 스승을 하루 종일 졸졸 따라다니기 시작했다. 스승이 제자들 앞에서 이야기를 할 때에도 고양이는 계속 제자들 사이를 돌아다니면서 주의를 흩트려 놓았다.

어느 날, 스승은 가르침을 전하기 5분 전에 고양이를 묶어 두게 했다. 그러면 제자들을 방해할 수 없을 것이라고 생각했다.

그렇게 시간이 지났다. 어느 날 스승은 수명을 다하고 이 세상을 떠났다. 제자 중 가장 나이가 많은 수행자가 새로운 스승이 되었다. 그가 처음으로 가르침을 펴기 5분 전이 되자 제자에게 고양이를 묶어 두게 했다. 그의 제자는 20분이나 고양이를 찾아다녀서 겨우 묶어 놓을 수 있었다.

시간이 또 흘렀다. 어느 날 그 고양이는 수명을 다해서 이 세상을 떠났다. 그러자 새로운 스승은 가르침을 펴기 전에 묶어 놓을 새로운 고양이를 찾아오라고 명령했다.

거짓말 탐지기
역겨운 사기꾼들!

"정말 싫어요."

"뭐가 싫다는 거죠, 데미안?"

"거짓말하는 사람들이요! 정말 역겨워 죽겠어요!"

"사람들이 거짓말하는 게 왜 그렇게 싫어요?"

호르헤는 마치 커피에 설탕 넣어줄까요 하는 것처럼 대수롭지 않다는 투로 내게 물었다.

"왜냐고요? 당연하잖아요. 거짓말은 비열하고 야비한 짓이에요! 그들은 사기극에 나를 끼워 넣는다고요."

"사기극에 끼워 넣어요? 어떻게 그런 일을 할 수 있죠?"

"어떻게라뇨? 나한테 거짓말을 해서요."

"그걸로는 충분하지 않은데요, 데미안. 사람들이 데미안에게 거짓말을 할 수는 있겠지만 그거야 앉아서 그냥 들어주기만 하면 되는 거잖아요. 재미있게 들어요."

"하지만 내가 속잖아요, 뚱보 선생님. 그 사람들 말을 믿거든요. 바보가 꾸며낸 이야기도 나는 믿을 거예요. 나는 멍청이예요!"

"그럼 왜 그 사람들을 믿는 거죠?"

"왜냐하면, 왜냐하면…… 에이, 저도 모르겠어요. 그런 말을 왜 믿는 건지. 빌어먹을! 모르겠어요. 진짜 모르겠어요!"

뚱보 선생은 잠시 가만히 앉아서 나를 쳐다보다가 말했다.

"화를 내지 않는 편이 더 낫다는 건 알고 있죠? 하지만 이미 화가 난 상태에서는 그 화에 집중하는 게 최선이에요."

뚱보 선생이 무슨 말을 하고 싶은지 이미 알고 있었다.

호르헤는 분노, 사랑, 슬픔은 몸의 배터리 같은 것이라고 말했다. 몸을 움직이게 하는 에너지, 그리고 행동으로 표출되지 않으면 아무것도 아닌 게 되어버리는 것들. 감정과 행동을 서로 단절되게 만들면 소외감을 느끼고, 갈피를 못 잡아 당황하고, 비정상적인 상태에 이르게 된다고 했다.

지금 내가 그 짓을 하고 있었다. 상황에 몰려서 이미 일어난 감정의 파고를 억누르려 하고 있었다.

호르헤는 바닥에 앉더니 엄청나게 커다란 쿠션을 잡아당겨 자기 앞에 놓았다. 그리고 아무 말 없이 쿠션을 몇 번 툭툭 쳐서 나를 초대했다.

나는 뚱보 선생의 맞은편에 앉아서 쿠션을 주먹으로 치기 시작했다.

치고 또 쳤다.

세게 더 세게.

그런 다음에 크게 소리쳤다.

욕설을 퍼부었다.

계속 주먹질을 했다.

치고

또 쳤다.

급기야 지쳐버린 나는 숨을 헐떡이며 털썩 쓰러졌다.

뚱보 선생은 내가 숨을 고르는 걸 기다렸다가 내 한쪽 어깨 위에 손을 얹고 물었다.

"나아졌나요?"

"아니요. 가벼워지기는 했지만 나아지지는 않았어요."

"두 가지가 표현만 다른 거예요. 짐이 가벼워지면 나아지죠."

나는 뚱보 선생의 어깨에 잠시 몸을 기대고 편안하게 있었다. 잠시 후 호르헤가 물었다. "무슨 일이 있었는지 말해줄래요?"

"아니요. 이야기하지 않을래요. 무슨 일이 있었는지는 중요하지 않아요. 이제 정신이 조금 드는 것 같아요. 나한테 필요한 건 거짓말에 대해 이렇게 반응하게 되는 이유를 알아내는 일이에요. 거짓말만 들으면 머리가 돌아버릴 것 같거든요."

"흠, 어디서부터 시작할까. 데미안이 문제라고 느끼기 시작한 때가 언제인지 설명해볼래요?"

나는 훌쩍거리면서 이야기를 시작했다.

"그러니까……. 내가 언제 그러냐면요……."

뚱보 선생은 내 말을 끊어 버렸다.

"아니, 아니에요! 전보를 보낸다고 생각해봐요. 단어 하나하나 고심해서 결정한 다음에 응축해서 말해 봐요."

나는 한동안 생각에 잠겼다.

"사람들이 거짓말하는 게 싫어요."

만족스러웠다.

딱 적당한 문장이다.

매우 응축된 메시지다.

뚱보 선생을 쳐다봤다.

침묵이 이어졌다.

나는 수식어 하나를 더 붙이고 짧은 문장을 하나 더해서 좀 더 사실적으로 내 상황을 표현했다.

"사람들이 내게 거짓말하는 게 너무 싫어요. 참을 수가 없어요!"

뚱보 선생은 미소를 짓고 알겠다는 듯한 얼굴을 했다. 할아버지가 연상되는 그 표정은 때로 '아이고, 어찌 그리 어리석니.'라는 의미이거나 '그래, 할아버지 여기 있다.'는 의미로 해석할 수 있었다. 또는 그냥 '괜찮아.'라는 뜻일 때도 있었다.

"못 참겠어요." 나는 다시 한 번 강조하려 말했다.

"사람들이 거짓말하는 거." 호르헤가 뒷말을 이었다.

"사람들이 거짓말하는 거!" 나는 똑같이 따라했다.

"데미안에게 거짓말하는 거죠." 호르헤가 강조했다.

"맞아요. 나, 데미안에게 거짓말하는 거요." 나는 호르헤가 뭐 때문에 자꾸 이 말을 시키는지 짐작조차 할 수 없었다.

"뭘 비웃는 거예요?" 마침내 내가 물었다.

"비웃지 않았어요. 미소 짓고 있었지."

"그게 무슨 뜻인데요? 뭐가 뭔지 모르겠어요."

"내가 데미안의 상황을 알 것 같아서요. 책에서 읽거나 심리학을 공부해서 아는 건 아니고, 내가 살아오면서 상당 기간 겪었던 일이기 때문에 그래요. 나도 똑같았어요. 꼭 옛날의 날 보는 것 같아서 그랬어요."

"그건 제게 전혀 도움이 되지 않는데요. 뚱보 선생님도 이런 일을 겪었다는 걸 알게 되었다고 문제가 해결되는 건 아니잖아요. 온 세상 사람들이 다 이런 일을 겪었다고 해도 전혀 위로가 안 된다고요. 특히 지금은, 그런 걸로는 어림도 없어요."

뚱보 선생은 근심걱정이라고는 하나도 없는 부처 같은 얼굴로 가만히 앉아 있었다.

"알아요. 그런 걸로는 어림 없죠. 하지만 그렇다고 이곳을 박차고 나가지는 않았잖아요?"

"당연하죠! 안 나갈 거예요!"

"그럼 진정해요. 내가 왜 미소를 지었는지 알고 싶다고 해서 말한 것뿐이니."

호르헤는 팔걸이의자로 돌아가서 앉았다.

"데미안은 사람들이 자신에게 거짓말하는 걸 참을 수가 없죠."

"네."

"그런데 사람들이 거짓말했다는 걸 어떻게 알죠?"

"어떻게 아냐고요? 사람들은 조금만 시간이 지나면 뻔히 진실이 아닌 게 들통날 말들을 해요."

"아, 지금 데미안은 거짓말하는 것과 진실을 말하지 않는 걸 혼동하고 있는 것 같은데요."

"네? 똑같은 말이잖아요."

"전혀 같지 않아요."

이론적으로 타당한 추론의 연결 고리가 담벼락에 부딪쳤다. 그나마 유일하게 위로가 되는 것은, 호르헤가 혼동이란 명료함으로 가는 문이라고 말했다는 사실이다. 지금 내가 아무것도 이해하지 못한다는 건 엄청난 깨달음의 문턱에 와 있다는 의미가 된다.

"정말 그래요!" 호르헤는 단언했다.

"정말 그런지 보죠!" 내가 맞받았다.

뚱보 선생은 호탕하게 웃고 나서 말을 이어갔다.

"진실을 말하지 않는 것과 거짓말을 하는 건 전혀 별개의 일이에요. 예를 들어 보죠."

멀지 않은 옛날에, 최초의 거짓말 탐지기가 등장하자, 모든 법조인과 인간 행동 연구가들은 열광했다. 이 장치는 사람들이 거짓말을 할 때 발생하는 생리적 차이를 감지하기 위해 땀, 근육수축, 경련, 심장박동, 눈동자 움직임을 포착하는 센서들을 달고 있었다.

'진실의 기계'라고 불리게 된 이 장치를 이용한 실험이 수도 없이 이루어졌다.

어느 날, 한 변호사가 특별한 실험 아이디어를 생각해 냈다. 그는 이 기계를 가지고 시립정신병원에 있는 J. C. 존슨이라는 환자를 만났다. 존슨은 섬망 상태에서 자신이 나폴레옹 1세라고 주장하고 있었다.

많은 사람들이 이 실험을 보러 왔다.

의사들은 존슨을 거짓말 탐지기에 앉히고, 질문을 시작했다.

"당신은 나폴레옹 보나파르트입니까?"

환자는 자신을 둘러싼 사람들을 쭉 둘러보고, 잠시 생각하더니 대답했다.

"아니요! 어떻게 그럴 수 있겠습니까? 저는 J. C. 존슨입니다."

사람들은 모두 미소를 지었다. 하지만 거짓말 탐지기를 지켜보던 기사는 웃을 수가 없었다. 탐지기는 존슨이…… 거짓말을 하고 있다고 가리키고 있었기 때문이다.

거짓말 탐지기는 환자가 진실을(자신이 존슨이라고) 말할 때, 그가 거짓말을 한다는 결론을 내렸다. 존슨은 진심으로 자신이 나폴레옹이라고 믿고 있었기 때문이다.

42

제가 피터인데요

왜 속이는가

진실을 말하는 게 거짓말이 될 수도 있고, 반대로 거짓말을 하는 게 진실일 수도 있다는 이야기는 나의 머릿속을 더 어지럽게 만들었다. 짐이 잔뜩 실려 있던 낙타 등에 마지막으로 올라간 지푸라기 하나가 등뼈를 부러뜨리듯, 그렇지 않아도 혼란스러웠던 나는 견딜 수 없이 어지러워졌다.

"뚱보 선생님, 이건 너무 끔찍하잖아요. 그 이야기에 의하면 진실은 주관적이라는 건데, 그러면 상대적 개념이라는 말이 되잖아요."

"우리가 이야기해 온 바에 의하면 합당하지 않은 것은 거짓말이죠. 즉 진실이 아닌 거예요. 거짓말 탐지기 이야기처럼 어떤 거짓을 진실이라고 단언한 것이 거짓말이 아니라고 해도 여전히 사실은 남죠. 그러니 진실은 절대적인 것이라 볼 수 있어요. 그럼에도 불구하고 진실에 대한 생각은 우리의 신념체계와 밀접하게 연결되어 있으니 진실은 상대적이고 주관적이라는 데미안의 결론에 이르게 되는 거죠. 나도 이 결론에 동의해요. 덧붙여 진실은 변화무쌍하고 부분적이며 불완전하다는 특성을 가지고 있다고 말하고 싶네요."

"그건 그렇죠. 하지만 그래도 달라지는 건 없잖아요. 사람들이 내게 거짓말하는 게 싫어요. 내가 사실이 아니라는 걸 알고 있는데 다른 말을 하는 사람들이 신경 쓰이고 괴롭다고요. 진실이 상대적이든, 주관적이든, 부분적이어서 불완전하든 말든 나는 사람들이 내게 거짓말하는 걸 못 견디겠어요."

"그럼 사람들이 왜 데미안에게 거짓말을 한다고 생각해요?"

"또 그 질문이에요? 또요?"

"사람들이 다른 그 누구도 아닌 데미안에게 거짓말을 하는 이유를 뭐라고 생각하냐고 묻고 있는 거예요."

"이유라니, 그런 게 어디 있어요? 거짓말을 듣는 사람이 나니까 그런 거죠."

"흥분을 가라앉혀요. 개인적으로 나는 사람들이 거짓말을 할 때는 그냥 거짓말을 하는 거라고 생각해요. 꼭 집어 나에게 거짓말을 하는 게 아니라는 거죠. 그들은 그냥 거짓말을 해요. 최대한으로 잡아도 기껏 자기 자신에게 거짓말을 하는 거죠."

"아니에요!"

"맞아요! 사람들은 왜 거짓말을 할까요, 데미안? 생각해 봐요. 무슨 소용이 있을까요?"

"내가 어떻게 알겠어요? 거짓말을 하는 이유는 수백만 개가 될 걸요."

"하나만 말해 봐요. 오늘 이렇게 기분이 저조해져서 이곳으로 오게 된 원인이 된 거짓말을 예로 생각해 봐요."

"잘못한 일을 숨기려고 거짓말을 하죠."

"왜 그러는 건데요?"

"다른 사람이 몰랐으면 하니까요."

"왜 몰랐으면 하는데요?"

"비난을 받지 않으려고요."

"왜 비난을 받지 않으려 하는데요?"

"다른 사람이 자신을 어떻게 보는지 신경 쓰이니까요."

"그리고요?"

"그리고…… 그로 인해 생겨날 결과를 마주하고 싶지 않은 거죠."

"그럼 책임지고 싶지 않은 거로군요."

"맞아요."

"좋아요. 그게 99퍼센트 거짓말의 이유라고 해봅시다."

"그게 맞는 것 같아요."

"좋아요. 그럼 거짓말하는 사람들은 자신에게 책임이 있다는 걸 어떻게 알죠? 그들이 책임져야 할 일은 누가 정해 주나요?"

"아무도 정해 주지 않죠. 아니면, 자기 자신이 정하거나."

"그래요. 거짓말하는 사람이 정하는 거로군요."

"그래서요?"

"모르겠어요? 거짓말을 하는 사람들은 다른 사람이 자신을 어떻게 판단할까 두려워하는 게 아니에요. 거짓말을 하는 사람들은 이미 자기 자신을 비판하고 비난을 퍼부었어요. 모르겠어요? 그들은 이미 비판을 받은 거라고요. 거짓말쟁이는 자기 자신이 내린 판단과 비난, 책임에서 벗어나려고 몸을 숨긴 사람들이에요. 앞서 말했듯이 그건 그 사람들의 문제지, 거짓말을 들은 사람의 문제가 아니에요."

나는 할 말을 잃었다. 맞는 말이었다. 나도 스스로를 비난하고 유죄 선고를 내렸을 때 남들에게 거짓말을 했다.

"하지만 그래도 그 거짓말을 듣는 건 여전히 나쁘잖아요!"

"우리 어머니가 내 여동생 카초에 대해서 이렇게 말씀하셨어요. '얘는 내가 주는 건 아무것도 안 먹어.' '내가 만들어 준 고기 요리도 안 먹어.' '내가 만들어 준 스프도 안 먹어.' '내가 만든 계란 파이에는 입도 안 댄다니까. 얼마나 몸에 좋은 건데.' 이런 말이 다 진실이라면 데미안의 말도 맞다고 할 수 있겠죠."

"아니요. 그건 내 경우하고 같지 않아요. 누군가 거짓말을 할 때 그 대상이 바로 나란 게 문제라고요."

"데미안, 아니에요. 데미안의 머릿속에서 세상의 중심이 본인인 건 이해하겠어요. 사실 그러니까요. 하지만 데미안이 정말 이 세상의 중심인 것은 아니에요. 사람들은 거짓말을 해요. 하지만 데미안에게 거짓말을 하는 게 아니에요. 그 사람들이 거짓말을 하는 건 그들이 그렇게 하기로 마음먹었기 때문이에요. 그게 자신들에게 유리하거나 단지 그러고 싶다는 생각이 들어서 그러는 거라고요. 거짓말은 사람들이 마음대로 선택할 수 있는 권리인 거예요. 그런 걸 두고 그들이 꼭 데미안에게 거짓말을 하는 거라고 말하면 모든 걸 자기 문제로 생각하는 관계망상에 빠지게 돼요. 정말 터무니없는 일이죠!"

"하지만 정말 이게 그들의 문제일까요?"

"사람들이 자신에게 거짓말을 하는 건 책임회피를 위해서예요. 그건 일종의 병증이에요. 어른다운 행동을 기피하는 사람들을 얼마나 많이 보아왔나요? 성장과 함께 오는 책임을 피하려는 수많은 행동들은요?"

"모르겠어요. 생각을 해봐야겠어요. 하지만 평상시에 보면 거짓말쟁이들은 득을 보면 봤지 마음이 상하거나 하지 않던데요."

"그게 사실이라고 해도, 공정한 것과 나에게 좋은 것은 서로 상관이 없어요. 게다가 '득을 본다'는 말을 어떤 의미로 보느냐에 따라 그 말은 틀릴 수도 있어요.

거짓말로 상황을 원하는 방향으로 이끌어 나가는 건 쉽지 않아요. 거짓말로 할 수 있는 일이라고 해봐야 기껏 일시적으로 상황을 조작하는 거예요. 하지만 이때도 거짓말쟁이들은 마음속으로 그것이 허구란 걸 알아요. 거짓말로 간신히 지탱하고 있는 허술한 가짜 구조물인 걸 알고 있는 거죠."

"그건 거짓말을 하는 이유가 아니에요. 최소한 의식적으로 그런 이유를 생각하지 않아요. 실제로 내가 거짓말을 할 때는 상황을 완전히 장악하기를 바랄 때예요."

"뭔가를 통제하려고 한다는 건가요? 권력처럼?"

"권력이라고 말할 수도 있겠네요. 나는 유일하게 진실을 알고 있는 사람이에요. 상대를 내가 원하는 대로 행동하게 만들고, 속이는 거죠. 기분도 상하게 하고. 엉터리로 만드는 힘이지만 그래도 권력이랄 수 있겠죠."

"이야기 하나 해줄까요?"

호르헤가 마지막으로 이야기를 들려준 게 까마득한 옛일처럼 느껴졌다.

"네!"

"그렇게 이야기스럽지 않을 순 있겠지만, 한번 들어봐요."

어떤 마을의 지저분한 지역에 지저분한 선술집이 하나 있었다. 그 칙칙한 분위기는 누아르 소설에서 방금 빠져나온 듯했다.

희미한 조명 아래 퀴퀴한 담배 연기가 자욱한 그곳에, 갑자기 쾅 소리를 내며 누군가가 문을 발로 차고 들어왔다. 모든 사람들의 시선은 입구를 향했다. 거인처럼 보이는 사람이 문 앞에 서 있었다.

셔츠 위로 성난 근육이 보였고, 건장한 팔에는 문신이 가득했다. 뺨에 난 끔찍한 흉터 덕분에 그렇지 않아도 험악한 인상이 한층 더 무시무시해 보였다.

그 남자는 피를 얼어붙게 만들 것 같은 목소리로 소리쳤다.

"누가 피터냐?"

겁먹은 사람들의 깊은 침묵이 공기를 메웠다. 거인은 성큼성큼 두 걸음 앞으로 걸어와서 의자 하나를 집어 들더니 거울을 향해 거칠게 던졌다.

"누가 피터냐?" 남자는 다시 물었다.

잠시 침묵…… 구석 테이블에 앉아 있던 작은 체구의 안경잡이 한 명이 의자에서 미끄러지듯 내려와서 성난 짐승에게 다가갔다. 그리고 저의 알아들을 수 없는 목소리로 속삭였다.

"제가…… 제가 피터인데요."

"아하! 네가 피터냐? 나는 잭이다. 이 개자식아!"

남자는 피터를 한 손으로 집어 들어서 벽으로 패대기쳤다. 다시 피터를 잡아 일으켜서 주먹으로 가격했다. 어찌나 세게 쳤던지 피터의 머리가 날아가 버릴 것만 같았다. 그런 다음에 남자는 피터의 안경을 박살내고 입고 있던 옷을 찢어발겼다. 마지막으로 피터를 바닥에 던진 후 구둣발로 복부를 강하게 찼다.

피터의 입가에서 피가 뚝뚝 떨어졌다. 피터는 의식을 반쯤 잃은 채 바닥에 뻗었다.

거인은 성큼성큼 문 쪽으로 걸어가면서 울부짖었다.

"아무도 나를 속이지 못해. 어림없어!"

그 말을 남기고 거인은 성큼성큼 사라져갔다.

술집 문이 닫히자마자 곧 죽을 것 같은 희생자를 돌보기 위해 몇 명이 달려 나왔다. 사람들은 피터를 일으켜 앉히고, 위스키를 마시게 했다.

작은 체구의 피터는 입가에 흐른 피를 닦고 슥 미소를 지었다. 조그맣게 웃기 시작한 피터는 급기야 호탕하게 웃어 젖혔다.

모두들 놀란 눈으로 피터를 보았다. 너무 많이 맞아서 정신이 나갔나?

"이해가 안 되시겠지만, 저 등신을 제가 완전히 속였어요." 피터는 계속 웃으면서 말했다.

사람들은 호기심을 억누르지 못하고 피터에게 질문 세례를 쏟아 부었다.

언제?

어떻게?

여자 문제인가?

돈 문제인가?

대체 무슨 일을 한 거지?

그 남자를 감옥에 보내 버렸나?

작은 체구의 피터는 계속 웃었다.

"아니, 아니요. 제 말은 지금 막 저자를 속였다는 겁니다. 여기 있는 모든 사람들 앞에서 말이에요. 그러니까 제 말은…… 하하하…… 저는 피터가 아니거든요!"

호르헤의 사무실을 나서는데 계속 웃음이 터져 나왔다. 두들겨 맞은 남자가 거인 같은 덩치의 남자를 속였다고 믿고 있는 모습을 머릿속에 그려보았다.

하지만 조금 걷다보니 점차 웃음기가 가셨다. 웃음이 빠져나가자 자기연민이 몰려왔다.

43

노예의 꿈
선의의 거짓말?

지난주에 내가 뭐 때문에 그렇게 화가 났는지는 모두 잊어버렸다. 지금은 거짓말 그 자체에 집중하고 있었다.

나는 일주일 내내 거짓말에 대해 생각했다. 내가 거짓말을 하는 습관이 있는지 살펴보고, 과거 거짓말을 했던 일과 다른 사람의 거짓말을 들었던 경우를 다 되돌아보았다. 호르헤가 뿌려 놓은 생각의 씨앗을 아주 크게 키우고 있었다. 그가 한 말을 몇 번이고 증명해 보았다.

"거짓말이 문제라고 해도 그건 어디까지나 거짓말을 한 사람의 문제다."

하지만 사소한 선의의 거짓말인 경우에서 생각이 막혀 버렸다.

처음에는 선의의 거짓말이 아예 다른 카테고리에 속해 있는 것 같았다. 비판을 하거나 자책을 하는 일이 아예 없을 것 같았다. 책임을 피하고자 하는 의도도 없어 보였다.

하지만 꼼꼼히 따져보니 다른 사람을 보호하기 위한 거짓말을 할 때도 원하지 않았던 대가를 치르게 된다는 걸 알 수 있었다.

나는 다른 사람의 고통이나 무력감, 분노를 목격하고 싶지 않아서 선의의 거짓말을 해왔다. 다른 사람의 마음을 멋대로 재단했다. 희생자와 나를 동일시하면서 '내가 저런 입장이라면 알고 싶지 않을 거야.'라고 생각한 것이다. 그래서 상대가 진실을 발견하지 못하게 하면서도 그들을 위한 것이라고 되뇌었다.

그렇게 정리하고 보니 선의의 거짓말은 자비를 베푸는 행동이라기보다는 무시무시한 조작에 더 가까웠다. 정말 끔찍한 일이었다!

다시 한 번 느꼈다. 거짓말은 다른 사람을 위해서가 아니라 나 자신을 위한 행위다. 거짓말을 하는 게 누구를 위한 일이라고? 바로 나를 위한 일!

대부분의 거짓말은 자비를 베푸는 행동이다. 하지만 그 자비를 받는 대상은 자기 자신이다. 거짓말은 거짓말쟁이가 자신에게 자비를 베푸는 일이다.

"거짓말은 거짓말쟁이가 자신에게 자비를 베푸는 일이에요." 나는 호르헤에게 말했다.

"와, 데미안. 그런 식으로는 생각 못 해봤는데. 아주 강력한 아이디어를 찾아냈어요." 뚱보 선생은 자신의 생각을 덧붙였다.

"사소한 선의의 거짓말은 늘 의심스러운 구석이 있고, 도덕적으로나 철학적으로 볼 때 상당히 복잡한 문제를 야기할 가능성이 많아요. 윤리학에서 가장 적절한 사례는 인간과 노예에 대한 소크라테스적 딜레마입니다."

아무도 없는 길을 따라 산책을 하는 중이었다.

주변을 감싸는 공기와 내리쪼이는 태양빛, 지저귀는 새들에게서 기쁨을 느꼈다.

발길이 가는 대로 걸어가는 즐거움을 누렸다.

그런데 길 한편에

한 노예가 잠들어 있었다.

다가가 보니 노예는 꿈을 꾸고 있었다.

잠꼬대를 하는 모양을 보니

무슨 꿈을 꾸고 있는지 알 것 같았다.

노예 신분을 벗고 자유인이 되는 꿈을 꾸고 있는 게 분명했다.

그의 얼굴은 평화롭고 행복했다.

나는 궁금해졌다.

이 노예를 깨워서

꿈을 꾼 것뿐이라고,

당신은 여전히 노예라고 말해줘야 하나?

아니면 꿈에 불과하더라도 그 환상을 즐길 수 있도록

가능한 한 오래 잘 수 있게 도와주어야 하나?

"옳은 답은 뭘까요?" 호르헤가 물었다.

나는 어깨를 으쓱였다.

호르헤가 스스로 답했다. "옳은 답이란 없어요. 사람마다 자신이 생각하는 답이 있는 거죠. 자신 이외의 곳에서는 답을 찾을 수 없는 문제거든요."

"진짜 그 상황이면 나는 어찌할 바를 모른 채 얼어붙었을 거예요."

"언젠가 도움이 될 만한 작은 단서를 하나 줄게요. 어찌할 바를 모르고 가만히 서 있게 된다면 노예의 얼굴을 자세히 살펴보도록 해요. 그리고 그 노예가 나라면…… 당장 깨워줘요!"

맹인의 아내
진실에 대한 두려움

호르헤에게 따져 물었다.

"거짓말쟁이들이 거짓말을 하는 게 단지 선택이라고 말했죠. 그래도 거짓말은 잘못된 일이에요. 우리는 그렇게 배웠다고요."

"정말 그렇다고 확신해요? 거짓말하지 말라고 배웠어요? 나는 그렇게 생각하지 않는데. 지금부터 내가 하는 이야기를 들어봐요."

한 아이가 있었다. 아이는 거짓말을 하다 들켜 버렸다.

아이의 아버지는 공감 능력이 뛰어난 현대적인 사람이어서, 아이가 지금 한 거짓말 자체보다는 진실과 거짓에 관한 윤리의식이 중요하다고 생각했다. 그래서 아버지는 하던 일을 멈추고 아들과 함께 앉아서 어떤 상황에서든 누구에게든 늘 진실을 말해야 하는 이유를 설명했다.

그때 전화벨이 울렸다. 아들은 다정한 아버지를 돕겠다는 생각으로 '제가 받을게요!'라고 말하고 전화기가 있는 곳으로 달려갔다.

잠시 후 아들이 되돌아왔다.

"아빠, 빚쟁이가 돈 받으러 오겠대요."

"이런, 지금? 아빠 집에 없다고 해라."

"정말 우리는 거짓말하지 말라는 가르침을 받고 살아왔나요? 나는 그렇게 생각하지 않아요. 거짓말하지 말라는 말은 들었죠. 그건 사실이에요. 하지만 부모님이나 선생님, 목사님, 정치인 같은 사람들이 '정말로' 거짓말하지 말라고 가르치나요?"

호르헤는 잠시 말을 멈추더니 느긋한 태도로 마테차를 내렸다.

"이 이야기는 새로운 영역으로 이어지겠네요. 한 개인이 거짓말에 어떻게 반응하는지에 대한 개인적인 영역과, 거짓말이 나쁜 근본적인 이유에 대해서 말이죠.

우리는 지금껏 수도 없이 많은 사례를 통해서 이 사회가 예측 불가능한 개인을 용인하지 않는다는 걸 배웠어요. 예측이 불가능한 사람이 생기면 그들에 대한 통제력을 잃어버리고, 공존을 위해 만들어 놓은 규칙이 엉망이 되거든요. 이런 전제 하에서는 거짓말이 잘못된 행동이에요.

거짓말하는 사람이 무슨 생각을 하는지, 무슨 행동을 할지, 무슨 감정을 느끼는지 확신할 수 없기 때문이죠. 상황에 대한 장악력을 유지하기 위해서는 사실들을 정확히 파악해야만 하니까요."

"하지만 사람들이 말하는 걸 믿을 수 없다면, 난 절대로 살지 못할 거예요."

"데미안, 그런 걸 믿지 말라는 게 아니에요. 내가 제동을 거는 건 데미안이 다른 사람들의 거짓말을 멈추고 싶어 한다는 점이죠."

"하지만 선생님, 모든 사람들이 거짓말을 하고 서로를 절대 믿지 않는다면 끔찍할 거예요. 그렇다고 모든 사람들이 자신이 느끼는 바를 솔직히 말한다면 그건 또 그것대로 일대 혼란이 벌어지겠죠."

"그럴 수도 있죠. 하지만 꼭 그렇게 되지 않을 수도 있어요. 다른 가능성도 있죠.

나는 다른 가능성이 더 있다는 쪽이에요. 전에 사람들이 거짓말 하는 이유가 다른 사람들에게 비판을 받지 않으려는 것이라고 했잖 아요? 하지만 정말로 자유로운 세상을 상상해 보세요. 모든 것이 허용되는 세상이요. 아무것도 금지되지 않고 부적절하다는 예단도 없고 반드시 해야만 하는 의무도 없는 그런 세상.

그런 세상에서는 아무도 비난하거나 질책하지 않을 거예요. 다른 사람의 비난을 두려워할 일도 없겠죠. 그러면 모두가 거짓말을 멈출 테죠. 거짓말을 할지 말지 결정할 자유와 진실을 밝힐지 말지 결정할 재량을 가진 채 말이에요. 그러면 세상은 정직하고 평화로운 장소가 되는 거예요."

"정말 그럴 가능성이 있다고 생각하세요?"

"글쎄요. 하지만 이 세상에는 확신할 수 없어도 믿고 싶은 것이 있잖아요."

"무슨 노래 가사 같네요."

"그런가요? 하지만 정말 그런 세상이 온다면 언제까지라도 그 노래를 부르겠어요."

"그렇다면 뚱보 선생님, 선생님의 이런 소박한 공상이 정말 실현 가능하다면, 왜 아직도 사람들은 그런 '정직하고 평화로운' 세상을 만들지 않는 거죠?"

"그러려면 먼저 두려움을 정복해야만 하기 때문이에요."

"무슨 두려움이요?"

"진실에 대한 두려움이요. 언젠가 '진실의 가게' 이야기를 들려줄게요."

"지금 해주시면 안 되나요?"

"지금은 다른 이야기를 해줄게요."

머나먼 어느 마을에 희귀한 안과 질환을 가진 남자가 살았다.

그 남자는 지난 30년 동안 앞을 보지 못한 채 살아왔다.

그러던 어느 날, 한 유능한 의사가 마을에 왔다. 남자는 눈 상태가 어떤지 진찰을 받으러 아내와 함께 의사를 찾아갔다.

의사는 수술을 하면 시력을 회복할 수 있다고 장담했다. 하지만 남자의 아내는 수술을 거부했다. 자신이 늙고 못생겼다는 걸 남편이 알게 될까 두려웠기 때문이다.

자신을 처형한 왕

믿고 싶은 거짓

"그게 뭐예요. 30년이나 같이 산 부부인데! 진심이 통하지 않는다는 거예요?" 나는 불만스럽게 이야기했다.

"그렇죠. 그래서 나는 법으로 진심을 강제하는 걸 거부해요."

"그렇다면 뚱보 선생님과 내가 원하는 그런 세상은 어떻게 만들 수 있는 거죠?"

"데미안, 살다보면 언젠가는 편안하고 자유롭게 느껴져서 거짓말을 하지 않아도 될 사람들을 만나게 될 겁니다. 있는 그대로의 모습을 봐주는 사람들을 만나게 되면 절대로 거짓말할 생각을 하지 않게 될 거예요. 그런 사람들이 바로 진정한 친구예요. 그런 친구를 놓치지 말고 잘 사귀도록 하세요. 그러다 보면 데미안과 친구들에게서 새로운 질서가 시작되었다는 걸 깨닫게 될 거예요."

"그런 솔직함은 친구들 사이에서만 가능한 건가요?"

"그렇죠. 그런 무조건적인 솔직함은 진정한 친구들 사이에서만 가능해요. 그러니 조심해요. 솔직함이랑 진심은 다른 이야기거든요."

"네? 다르다고요?"

"그럼요! 전혀 다른 문제예요."

"뭐가 다른데요."

"우리가 말한 솔직함은 완전히 정직한 상태예요. 아무것도 감추지 않는 거죠. 출입 금지 팻말이 붙은 곳이 아무 데도 없는 거예요. 자신만의 것으로 하고 싶은 생각이나 감정, 기억이 없는 겁니다.

진심은 그리 원대하고 대단하지 않아요. 나의 관점에서 진심이란 '내가 말하는 모든 건 사실이야. 적어도 내게는 말이지.'라고 하는 말과 같아요. 데미안이 생각한 진심은 '나는 너에게 거짓말하지 않는다.'였겠지만."

"그렇다면 솔직하지 않으면서도 진심일 수 있다는 건가요?"

"물론이죠. 무조건적인 솔직함은 남녀 간 사랑만큼이나 쾌락적인 일이에요. 이런 솔직함은 몇 명의 선택받은 사람을 위해 따로 마련해 두는 거죠."

"하지만 그게 사실이라면 나의 일부분에는 호르헤 선생님을 접근 금지시키면서도 여전히 진심일 수 있다는 거네요. 뭔가를 숨기는 게 거짓말하고는 다르다는 거잖아요."

"맞아요, 뭔가를 감추기 위해서 거짓말을 하지 않는다면 말이에요."

"예를 들어 주세요."

한 연인이 다음과 같은 대화를 나눈다.

대화 ①

여자: 무슨 일이야? 뭐가 잘못됐어?

남자: 아무것도 아니야…….

(사실 문제가 있었다. 뭔가 잘못되어 가고 있었다. 남자는 알고 있다. 하지만 무엇인지 정확히 알지 못해서 남자는 거짓말을 했다.)

대화 ②

여자: 무슨 일이야? 뭐가 잘못됐어?

남자: 모르겠어…….

(남자는 알고 있었다. 일이 잘못되어 가고 있었고, 왜 그런지도 알고 있었다. 하지만 남자는 거짓말을 했다.)

대화 ③

여자: 무슨 일이야? 뭐가 잘못됐어?

남자: 지금은 그 문제에 대해 너에게 이야기하고 싶지 않아.

(이 대답은 일견 잘못된 것 같이 보인다. 하지만 이 남자는 뭔가를 숨기고 있지만 진심으로 이야기하고 있는 것이다.)

"하지만 선생님, 제 여자친구라면 첫 번째와 두 번째 대답은 이해해 주거나 참아줄 것 같아요. 하지만 마지막처럼 답을 하면 당장 꺼지라는 말을 들었을 거예요."

"그렇다면 데미안의 여자친구에 대해 다시 생각해 볼 때가 된 것 같네요. 데미안의 거짓말은 이해하고 참아주면서 정작 진심은 함부로 대하는 사람이란 말이니까요."

"그게 어떻게 그런 말이 돼요?" 나는 발끈해서 말했다.

"그런 말이죠. 데미안이 한 얘길 다시 생각해봐요."

"선생님이 조금 지겨워지려고 하네요."

"나도 데미안이 조금 지겨워지려고 그래요."

"좋아요, 뚱보 선생님. 제가 지금까지 이야기를 정리해 볼게요."

"해보세요."

"거짓말은 잘못된 일이 아니에요. 각자의 선택이자 결정일 뿐이라고 하셨죠."

"네. 모든 인간관계에서 그래요." 호르헤가 덧붙여 말했다.

"또 거짓말과 숨기는 것은 다르지 않고요."

"틀렸어요. 숨기는 것이 거짓말은 아니라고 했죠. 숨기는 것과 거짓말, 이 두 가지는 서로 같지 않아요."

"좋아요. 그리고 또 진심과 솔직함은 다르고, 완전한 솔직함은 몇 명의 선택받은 사람들을 위한 것이라고 했어요."

"그렇다고 할 수 있죠."

"좋아요. 그럼 우리의 대화도 둘 사이의 신뢰와 사랑이 어느 정도인지에 따라 달라진다는 거죠."

"물론이죠. 신뢰와 사랑 그리고 데미안의 욕망까지도 관계가 있어요."

"무슨 욕망이요?"

"이야기 하나 해줄까요?"

머나먼 어느 나라에, 막강한 권력과 그에 못지 않은 잔인함을 갖춘 놀라브라는 왕이 살고 있었다.

나라에서는 그가 곧 법이었고, 백성들은 감히 왕의 이름을 입에 올리지도 못했다. 백성들은 왕이 임명한 장관의 폭정에 시달렸고 세금 집행관에게 괴롭힘을 당했다. 경작물이나 포도주, 공예품을 팔아서 마련한 많지 않은 돈은 모두 세금이라는 명목으로 빼앗겼다.

놀라브에게는 강력한 군대가 있었다. 때로는 군의 젊은 장교가 쿠데타를 일으켜서 왕을 타도하려 시도했다. 하지만 이 폭군은 그 모든 시도를 유혈이 낭자한 폭력으로 진압했다.

놀라브의 나라에 성직자 한 명이 살았다. 그는 통치자의 사악함에 맞설 덕을 갖추고 있었다. 신앙을 지키면서 다른 사람을 돕고 지혜를 가르치는 데 온 생애를 바친 사람이었다.

스무 명 정도의 제자들이 그의 집에서 함께 기거하면서 성직자의 말과 행동을 하나도 빼놓지 않고 배우려 노력하고 있었다.

그러던 어느 날, 아침 기도를 마친 성직자는 제자들을 모아놓고 말했다.

"우리는 백성들을 도와야 합니다. 사람들은 자유를 쟁취해야 하지만 왕의 막강한 권력이 당연한 것이라 생각해서 감히 그에게 저항할 생각도 하지 못합니다. 놀라브 왕에 대한 두려움은 시간이 갈수록 커져서 우리가 뭔가 하지 않으면 백성들은 노예처럼 살다가 죽을 겁니다."

"말씀하시면 뭐든지 하겠습니다." 제자들이 한목소리로 말했다.

"여러분의 목숨을 바쳐야 한다고 해도 괜찮겠습니까?" 성직자가 물었다.

"우리 형제자매를 도울 수 있는데 그깟 목숨이 대수겠습니까?" 제자 중 한 명이 답했고, 모두가 동의했다.

3월의 첫째 날이 되었다. 그날은 1년에 단 한 번 왕의 행차가 있는 날이었다. 놀라브는 값비싼 보석과 금으로 장식된 옷을 입고 강력한 근위대의 호위를 받으면서 행진을 시작했다.

왕의 마차가 지나가면 모든 백성들은 존경의 표시로 납작 엎드려야 했다. 그런데 놀랍게도 궁에서 출발한 지 얼마 지나지 않아 어느 집 앞에서 한 사람이 꼿꼿이 허리를 펴고 서 있는 걸 발견했다. 근위대는 즉시 그를 제지하고 군주 앞으로 데리고 갔다.

"절을 해야 하는 걸 몰랐느냐?"

"알고 있었습니다, 전하."

"그런데도 절을 하지 않았구나."

"네. 절을 하지 않았습니다."

"이 일로 네게 사형을 언도할 수 있다는 걸 알고 있느냐?"

"바라는 바입니다, 전하."

놀라브는 예상치 못한 반응에 놀랐지만 놀란 기색을 보일 수는 없었다.

"좋다. 행차가 끝나면 너를 참수할 것이다."

"감사합니다." 젊은 남자는 말했다. 그리고 무릎을 꿇고 미소를 지었다.

이를 지켜보던 군중 중 누군가가 소리치기 시작했다.

"왕이시여! 드릴 말씀이 있습니다!"

폭군은 그 사람을 가까이 오도록 했다.

"말하라."

"허락하신다면 저 남자 대신에 제가 오늘 죽고 싶습니다."

"저 사람 대신에 처형해 달라는 것이냐?"

"네, 전하. 부탁드립니다. 저는 늘 전하께 충성해 왔습니다. 그러니 오늘 이 부탁을 들어 주십시오."

국왕은 놀라서 사형수에게 물었다. "이 사람이 너의 혈육이냐?"

"제 평생 한 번도 만난 적 없는 사람입니다. 저 사람이 저를 대신하게 하지 말아 주십시오. 잘못은 제가 했으니 목이 잘려야 하는 것도 저입니다!"

"아닙니다, 전하. 제 목을 치십시오."

"아닙니다. 제 목을 치십시오."

"제 목입니다."

"그만!" 왕이 소리쳤다. "죽는 게 그리도 소원이라면 들어주마. 둘 다 참수하겠다."

"감사합니다. 하지만 제가 처음 사형을 언도 받았으니 제게 먼저 죽을 권리가 있습니다."

"아닙니다. 그 특권은 제게 있습니다. 저는 전하의 기분을 상하게 한 적이 없는 착한 백성입니다. 부디⋯⋯."

"그만! 이게 도대체 무슨 일이냐?" 놀라브가 소리쳤다. "조용히 하라. 그러면 너희 둘이 동시에 죽을 수 있게 해주마. 이 나라에 사형 집행관이 하나뿐인 것은 아니니 말이다."

그때 군중 속에서 다른 사람들의 목소리가 들려왔다.

"그렇다면, 전하, 저 역시 죽고자 합니다."

"저도 죽여주십시오."

"저도 죽여주십시오."

왕은 당황했다.

무슨 일이 벌어지고 있는지 도무지 감을 잡을 수가 없었다. 이해할 수 없는 상황 때문에 기분이 나빠졌다. 건강한 남자 다섯 명이 서로 참수형을 당하겠다고 청하고 있는 이 상황을 이해하는 것은 불가능했다.

왕은 눈을 반쯤 감고 생각에 잠겼다.

몇 초 후에 왕은 결정을 내렸다. 백성들 앞에서 당황한 기색을 보이거나 움추린 모습을 보일 수는 없었다.

다섯 명의 사형 집행관을 부르면 될 일이었다!

하지만 눈을 뜨고 주변을 둘러보니 어느새 그의 주변으로 수많은 사람들이 몰려 나와 있었다. 다섯 명이 아닌 십여 명의 목소리가 저마다 자신을 참수하라고 외치고 있었다. 갈수록 더 많은 사람들이 자신도 죽겠다고 손을 들고 있었다.

제아무리 잔인한 왕이라 해도 이건 너무한 일이었다.

"그만!" 왕은 크게 소리쳤다. "모든 처형은 내가 누가 언제 죽을지 결정하기 전까지 연기한다."

왕은 행차를 중단하고 서로 죽겠다고 나서는 사람들을 헤치고 궁으로 돌아갔다.

궁에 도착한 놀라브는 방에 들어가 문을 닫고 지금껏 벌어진 모든 일들에 대해서 곰곰이 생각했다.

갑자기 좋은 생각이 떠올랐다.

왕은 성직자를 불렀다. 그라면 이 집단적 정신병에 대해 뭔가를 알고 있을 것이다.

곧 신하들은 나이 많은 성직자를 왕 앞에 무릎 꿇렸다.

"어째서 백성들이 서로 죽겠다고 난리를 친 것인가?"

성직자는 아무런 답도 하지 않았다.

"묻는 말에 답하라!"

침묵만이 돌아왔다.

"명령이다!"

침묵.

화난 왕은 성직자를 끌고 나가라고 명령했다. 성직자는 몇 시간 동안 세상에서 가장 끔찍한 고문을 당했다. 그럼에도 그는 입을 굳게 다물었다.

왕은 근위대를 보내서 그의 제자들을 잡아오도록 지시했다. 성직자의 집에 있던 제자들이 모두 궁으로 끌려왔다.

근위대가 학대받은 성직자를 꿇어앉히고 제자들에게 물었다. "사람들이 처형 받겠다고 하는 이유가 무엇인가?"

성직자는 아주 작은 목소리를 한껏 키워서 외쳤다.

"침묵하라."

왕은 제자들을 죽음으로 협박할 수 없다는 사실을 알고 있었기 때문에 이렇게 말했다.

"자네들의 스승을 사람이 느낄 수 있는 최악의 고통에 시달리도록 만들 것이다. 그 장면을 너희가 목격하도록 하겠다. 이 작자를 사랑하는 제자라면, 나에게 그 비밀을 말하라. 그러면 모든 것이 풀릴 것이다."

"좋습니다." 제자 중 한 명이 나섰다.

"말하지 마라!" 성직자가 소리쳤다.

"계속하라." 놀라브가 말했다.

"오늘 처음 사형을 언도받고 해질 무렵에 처형되는 자는 불멸의 존재가 될 것입니다."

"불멸? 말도 안 되는 소리!" 놀라브는 크게 소리쳤다.

"경전에 그렇게 적혀 있습니다." 젊은이는 자신의 가방에 있던 경전을 꺼내서 그 사실을 증명할 부분을 소리 내어 읽었다.

'불멸이라!' 왕은 속으로 생각했다.

왕이 유일하게 두려워하는 것이 죽음이었다. 그렇다면 이건 죽음을 물리칠 수 있는 기회다. 불멸이라니!

군주는 잠시도 주저하지 않고 종이와 펜을 가지고 오게 해서 자신의 처형을 직접 명령했다.

모든 사람은 궁에서 쫓겨났다. 해가 지자, 놀라브는 자신의 명에 따라 처형을 당했다.

왕이 죽자, 사람들은 자유를 위한 싸움을 시작했다. 그로부터 몇 달 후 모든 사람은 자유롭게 되었다.

죽은 왕의 이야기를 하는 사람은 아무도 없었다.

"데미안, 그 왕은 어째서 그런 거짓말을 믿게 되었을까요? 원수가 들려준 이야기를 듣고 자신의 사형을 언도하기까지 한 이유는 무엇일까요? 왜 그는 성직자가 친 덫에 걸려들었을까요? 그 답은 단 하나입니다.

왕 자신이 그 거짓말을 믿고 싶었기 때문입니다.

왕은 그게 사실이라고 믿고 싶었던 거예요. 진실이기를 바라는 마음은 지금껏 살아오면서 알게 된 그 어떤 진실보다 매력적이거든요. 거짓말을 철석같이 믿게 되는 이유는 여러 가지가 있지만, 가장 많은 이유를 차지하는 건 우리가 믿고 싶기 때문입니다.

전에 다른 사람이 거짓말을 하는 것에 데미안이 왜 그렇게 집착하는지 모르겠다고 이야기했죠? 그렇게 신경 쓰고 집착하는 이유는, 데미안은 그들이 하는 말이 진실이라고 믿고 싶기 때문이에요."

가장 쉽게 거짓의 희생양이 되는 사람은 바로 그 거짓을 원하는 사람이다.

판결

때로 삶은 너무나 공평하다

언제나 그렇듯이 한동안 정신적 혼란을 겪고 나자 생각이 정리되고 이런저런 것들이 어떻게 연관되는지도 분명히 인식하게 되었다.

늘 비슷한 유형의 사기사건 희생자가 생기는 이유를 설명할 수가 없었다. 5센트짜리 동전을 4센트로 살 수 있다고 믿는 사람들이 늘 존재한다는 불가해한 미스터리를 이해하려고 얼마나 많이 노력했던가? 사람들은 정말로 몇 푼으로 '값을 매길 수 없을 정도로 귀중한' 국제 우표를 살 수 있다고 생각한 걸까? 사람들이 계속 사기꾼에게 낚이는 이유는 뭘까? 평균적인 지능을 가진 사람이 왜 쓰레기 같은 물건을 말도 안 되는 가격에 사는 걸까?

마침내 오늘 그 답을 얻었다. 사기와 속임수에 넘어가는 건 어떤 식으로든 그 상황이 자신에게 득이 된다고 생각하기 때문이다. 그런 사람들 대다수는 남몰래 입맛을 다시면서 한몫 잡을 수 있다고 군침을 흘린다. 심지어 자기들은 머리가 좋고 다른 사람을 눈가림으로 속였다고 믿고 싱글벙글하기까지 한다.

남의 말을 곧이곧대로 믿었던 나도 마찬가지인 걸까?

나 역시도 마찬가지였다.

눈가림으로 기만당했을 때도 돌이켜 보면 내가 욕심을 부리고 어리석은 계산을 했기 때문이다.

듣기에 그럴 듯하고 좋아 보이는 이야기나 약속에 매달리면 어김없이 당하고 말았다.

'눈가림'이라는 말을 잘 보면 사람들이 속는 이유를 알 수 있다. 자기 욕심에 눈이 보이지 않게 되는 것이다. '미끼를 물다'는 표현 역시 핵심을 잘 짚어내고 있다. 우리가 사기를 당하고, 속임수에 넘어가는 건 물고기가 매혹적인 모양을 한 플라스틱 파리를 꿀꺽 삼키는 것과 같은 일이다.

나는 스스로의 눈을 가리고, 미끼를 물었다. 나를 유인하기에 가장 좋은 미끼는 무엇이었을까?

그건 영원히 사랑한다는 약속이었다.

나의 모든 것을 받아들이겠다는 전적인 수용의 다짐이었다.

다른 사람의 칭찬과 인정이었다.

다른 사람은 미처 보지 못한 것을 가장 먼저 보겠다는 욕망이었다.

다른 사람보다 더 뛰어나겠다는 헛된 욕망이었다.

내가 정말 되고 싶은 사람처럼 보이게 하는 겉모습에 대한 집착이었다.

누군가를 아무런 조건 없이 영원히 내 곁에 둘 수 있다는 가능성
이었다.

그 외에도 너무 많았다.

정말 많다!

시간이 지나고 경험이 늘고, 내적 성장을 하게 되면서 그런 미끼
를 냉큼 물었다가도 재빨리 뱉어내는 법을 알게 되었다. 하지만 흉
터가 남는 것은 어떻게 해야 할까?

"뚱보 선생님, 흉터는 어떻게 하죠? 흉터는요?

죽은 벌레나 썩은 벌레는 버리라고 하셨잖아요. 그리고 플라스틱
파리가 어떤 건지 정확히 알아 두면 낚이는 법은 없을 거라고 계속
말씀하셨죠. 하지만 상처를 입지 않는 방법에 대해서는 가르쳐주지
않으셨어요. 나처럼 사람을 믿는 게 천성인 사람은 결국 깨물었던
미끼 때문에 생긴 상처를 안고 살아가야 하는 걸요. 뚱보 선생님, 저
는 상처 입고 싶지 않아요. 나를 상처 입히는 것이나 치유하는 일 모
두 다른 사람의 손에 달려 있다는 게 싫어요. 정말…….

다른 사람 때문에 아픈 것도 싫고, 다른 사람한테 의지해서 치유
받는 것도 싫어요 그래서 아예 처음부터 상처 같은 건 생기지 않았
으면 좋겠어요."

"그게 대가예요, 데미안. 그것이 우리가 치러야 하는 대가죠.《어
린왕자》에 나오는 장미 이야기 기억하나요?"

"그럼요. 그걸로 무슨 이야기를 하려는 건지도 알 것 같은데요. 아름다운 나비는 애벌레에서 시작된다."

"맞아요." 호르헤는 맞장구를 쳤다.

나는 아무 말 없이 앉아서 고통과 분함, 체념, 무력감이 뒤섞이는 것을 느꼈다.

"그런데 선생님, 거짓말하는 사람이 훨씬 더 많은 득을 얻고 대가는 적게 치르는 것 같아요."

"그럴 때도 있죠. 하지만 아닐 때도 있어요.

거짓말에는 많은 결점이 있어요. 그중에서 최악인 것은 거짓말이 아무런 소용이 없다는 거죠. 머지않아 거짓말은 드러나고 거짓으로 얻은 것은 모두 증발하듯 사라져버립니다. 아침 해가 나오면 사라지는 안개처럼. 게다가 때로 삶은 너무나 공평해서 기껏 속임수를 쓴 일이 반대로 그 거짓말쟁이에게 되돌아갈 때도 있어요."

호르헤는 눈을 반쯤 감고 기억을 더듬고 있었다.

"이야기가 나올 타이밍이군요." 내가 추측해서 말했다.

"네, 이야기 나갑니다."

중국의 도가 사상가 열자列子가 죽었다. 세상에 남은 그의 아내와 세 아이는 극심한 가난에 시달리게 되었다.

살아서 열자는 아침 해가 뜰 때부터 해가 질 때까지 이웃의 천석꾼 쳉의 논에서 일했다. 집도 쳉이 빌려주었고, 품삯은 대개 쌀로 받았다. 아주 가끔 동전 몇 닢을 받았지만 생필품을 사기에도 모자랐다. 돈이 생기면 제일 먼저 아이들의 학비를 해결하고 필기구를 샀다.

죽던 날에도 열자는 동이 트기 전에 집을 나섰다. 논으로 가는 중에 누군가 강의 급류에 휩쓸려서 도움을 청하는 목소리를 들었다. 열자는 그가 누구인지 대번에 알았다. 그가 일하는 논의 주인 쳉 노인이었다.

열자는 수영을 썩 잘하는 편이 아니었다. 그는 주변을 둘러보았다. 하지만 그 시간에 그곳을 지나는 사람은 아무도 없었다. 열자는 본능적으로 심호흡을 하고 강에 뛰어들었다.

열자가 노인을 붙잡자마자 자신도 급류에 휩쓸려 떠내려가게 되었다. 둘은 그대로 몇 킬로미터를 쓸려 내려갔다. 죽은 노인의 몸엔 죽은 열자의 팔이 둘러져 있었다.

그런 이유로 쳉 노인의 자손들은 열자가 노인의 죽음에 책임이 있다고 생각한 것 같다. 그리고 열자의 장남 링이 일을 하기에는 아직 어리다고 생각했는지도 모른다. 그도 아니면 정말 그들의 주장대로 논에서 할 일이 없었을 수도 있다. 여하튼 쳉의 장남인 초는 링이 아버지의 일을 이어받는 걸 허락하지 않았다. 그리고 빠른 시일 안에 집을 비우라고 말했다.

링은 끈질기게 일을 하게 해달라고 요구했다. 열세 살이라는 나이가 일을 하기에 전혀 부족하지 않고, 장남은 아버지의 일을 물려받을 권리가 있다고 설득했다. 자신은 손재주가 있고, 근면성실하게

일한다고 강조했다. 하지만 그런 이야기가 다 소용이 없다고 판단
되자, 가족의 극심한 가난을 이야기하면서 일자리를 구걸했다. 계
속해서 거절당하자 링은 화가 나서 목소리를 높여 자신의 아버지
가 한 희생을 언급하고 자신들이 그 집에 살 권리를 주장했다. 하
지만 모든 실랑이는 링이 멱살을 잡혀서 흙바닥에 내동댕이쳐지
는 것으로 끝났다.

그때부터 가족은 모든 것을 아꼈다. 아낄 것이 없어질 때까지 아꼈
고, 어머니는 사방팔방으로 일거리를 찾아 다녔다. 링은 매일 대농
장으로 가서 일자리를 찾았다. 하지만 일이 없다는 대답만 들어야
했다.

링은 고개를 떨구고 다른 일자리를 찾으러 갔다. 그는 평소처럼 길
가에 떨어진 돌멩이를 발로 차면서 걸었다. 그런데 발에 걸린 돌멩
이 하나가 이상한 소리를 냈다. 링은 자신이 방금 찬 게 무엇인지
살펴보았다.

돌멩이가 아니라 작은 가죽 주머니였다. 끈으로 질끈 묶인 주머니
에는 흙먼지가 자욱하게 묻어 있었다. 링은 다시 한 번 발로 가죽
주머니를 찼다. 뭔가 들어 있었다. 땅을 굴러가는 가죽 주머니에서
청량한 금속성 소리가 났다.

링은 그 작은 가죽 주머니를 몇 시간 동안 발로 차고 다니면서 그
안에서 나오는 소리를 즐겼다. 그러다가 마침내 주머니를 집어 들
어서 열어 보았다.

주머니 안에는 은화 한 더미가 들어 있었다. 링이 평생 동안 봤던 동전보다 더 많은 것 같았다. 링은 은화를 세어보았다.

열다섯 닢이었다. 빛나고 아름다운 은화 열다섯 개.

길에서 우연히 주운 거였다. 단지 길에서 굴러다니던 것을 몇 시간이나 발로 차고 돌아다니다가 열어 보았다. 그러니 이건 의심의 여지없이 링의 것이다. 은화 열다섯 닢이 링의 소유가 된 것이다.

마침내 어머니는 더 일하지 않아도 된다. 동생들도 학교로 돌아갈 수 있게 되었고, 원하는 건 뭐든 매일 먹여줄 수도 있게 되었다. 링은 당장 읍내로 달려 나가서 몇 가지 물건을 샀다.

음식과 장난감 그리고 가족을 따뜻하게 덮어줄 담요와 어머니를 위한 옷 두 벌을 사서 집으로 갔다.

링이 집에 들어가자 다들 놀라워하며 음식을 받았다. 모두들 배가 고팠기 때문에 음식이 어디서 났는지 묻지도 않고 다 먹어 치웠다.

저녁을 먹고 나서는 링이 모두에게 선물을 주었다. 동생들은 장난감을 가지고 신나게 놀기 시작했다. 어머니는 링에게 옆에 와서 앉아 보라고 손짓을 했다.

어머니가 무얼 원하는지 링은 이미 알고 있었다.

"설마 내가 이걸 훔쳤다고 생각하시는 건 아니죠." 링이 말했다.

"누가 이걸 공짜로 주겠니." 어머니가 대꾸했다.

"그렇죠. 공짜로 주는 사람은 없죠. 다 산 거예요. 내가 돈을 주고 사온 거예요."

"그 돈은 어디서 난 거니, 링?"

링은 은화가 가득 든 작은 주머니를 발견하게 된 경위를 어머니에게 소상하게 털어놓았다.

"아들아. 그건 네 돈이 아니잖니." 어머니가 말했다.

"무슨 소리세요? 내 것이 아니라니요? 제가 발견한 거예요."

"네가 발견했다는 건 누군가는 잃어버렸다는 의미잖아. 잃어버린 사람이 그 돈의 진짜 주인이야." 어머니는 단호하게 말했다.

"아니요. 잃어버린 사람은 잃어버린 거죠. 발견한 사람은 발견한 거고요. 주인이 없는 돈이니 내 것이 맞죠."

"알았다." 엄마는 아들의 생각에 일단 동조했다. "주인이 없다면 그건 네 것이지. 하지만 주인이 있다면 돌려줘야 한다."

"아니에요."

"아니, 그래야 한다, 링. 네 아버지를 생각하렴. 아버지라면 이럴 때 뭐라고 하셨겠니?"

링은 고개를 숙였다. 그리고 불만족스러운 얼굴로 고개를 끄덕여 보였다.

"그럼 이미 써버린 돈은 어떻게 해요?" 링은 어머니에게 물었다.

"돈을 얼마나 썼니?"

"은화 두 닢이요."

"그걸 갚을 수 있는 방법을 같이 찾아보자꾸나." 어머니는 링을 위로했다.

"일단 마을에 나가서 사람들에게 작은 가죽 주머니를 잃어버린 사람이 있는지 물어보렴. 네가 주머니를 발견한 곳에서 가까운 데부터 물어봐."

링은 다시 한 번 고개를 푹 숙이고 자신의 운명을 한탄했다. 그리고 집 밖으로 나섰다.

마을에 도착한 링은 대농장에 가서 뭔가 잃어버린 사람이 없는지를 물었다. 감독관은 알아볼 테니 잠시 기다리라고 말했다.

잠시 후 쳉의 장남이자 현재 논을 소유하고 있는 초가 나왔다.

"내 은화가 든 주머니를 가져갔다고?" 그는 비난조로 캐물었다.

"아닙니다. 땅에 떨어진 걸 발견했어요." 링은 대답했다.

"당장 이리 내 놓아라! 지금 당장!" 장남은 크게 소리쳤다.

어린 링은 주머니를 꺼내서 장남에게 건넸다.

초는 은화를 손에 쏟아내고 개수를 세기 시작했다.

링은 재빨리 말했다.

"은화 두 닢이 없을 거예요. 돈이 생기면 가져다 드릴게요. 아니면 그만큼 공짜로 일을 해드릴 수도 있어요."

"열세 닢이잖아. 나머지 은화는 어디로 간 거지?" 초는 성난 목소리로 말했다.

"방금 말씀드렸잖아요. 그 주머니가 아저씨 것인지 몰랐어요. 없어진 돈은 마련하는 대로 돌려드릴게요."

"도둑놈이구만!" 초는 링의 말을 멋대로 오해했다. "도둑놈아! 네 것이 아닌 것에 손을 대서는 안 된다는 걸 가르쳐 주마." 초는 성큼성큼 걸어 나와 고래고래 소리를 질렀다. "본때를 보여주지!"

링은 도망쳐 집으로 돌아갔다. 화가 난 건지 무서운 건지 갈피를 잡을 수가 없었다.

집에 도착한 링은 어머니에게 무슨 일이 있었는지 설명했다. 어머니는 자신이 초에게 찾아가 그 문제를 해결하겠다고 링에게 말했다.

하지만 다음 날 아침 일찍 링에게 소환장이 도착했다. 은화 열일곱 닢을 훔쳤다는 죄목으로 재판이 열리니 꼭 참석해야 한다는 내용이었다. 은화 열일곱 닢이라니!

재판일이 되었다.

판사 앞에 선 초는 증인 선서를 한 후 가죽 주머니가 자신의 책상 위에 있었다고 단언했다.

"링이 일을 달라고 부탁하러 온 그날 일어난 일입니다." 초는 분명하게 말했다. "그리고 그 다음 날 이 도둑놈이 나타나서는 이 주머니를 '주웠다'고 말하고 그걸 '잃어버린' 사람이 있는지 묻는 겁니다. 정말 뻔뻔스럽기 짝이 없죠."

"계속하십시오." 판사가 말했다.

"물론이죠. 나는 이 녀석에게 그 주머니는 제 것이라고 말했습니다. 그랬더니 저에게 돌려주더군요. 받자마자 확인해 보니 아니나 다를까 제가 의심했던 그대로였습니다. 돈이 없어진 거죠. 정확히 은화 열일곱 닢이 비었습니다!"

판사는 신중하게 이야기를 듣고 나서, 상황에 압도되어 입도 떼지 못하고 있는 소년을 쳐다보았다.

"링, 너는 무슨 이야기를 하고 싶니? 혐의가 심각하구나."

"판사님, 저는 아무것도 훔치지 않았습니다. 저 주머니는 길에서 주운 겁니다. 그게 아저씨의 것인지 그때는 몰랐습니다. 주머니를 열어 보고 은화를 발견했고, 그 안에 있는 돈으로 동생들에게 줄 음식과 장난감을 산 것도 맞습니다. 하지만 은화 두 닢을 쓴 것이지 열일곱 닢은 아니었습니다." 링은 흐느껴 울며 말했다. "원래도 열다섯 닢밖에 들어 있지 않았는데 어떻게 열일곱 닢을 꺼내 쓸 수 있겠습니까? 제가 꺼내 쓴 것은 은화 두 닢뿐입니다. 판사님, 오로지 은화 두 닢이었습니다."

"어디 봅시다." 판사가 말했다. "이 소년이 주머니를 돌려주었을 때 안에는 은화 몇 닢이 있었습니까?"

"열세 닢이었습니다." 초가 말했다.

"열세 닢 맞습니다." 링도 동의했다.

"그런데 잃어버렸을 당시에는 은화 몇 닢이 들어 있었나요?" 판사가 초에게 물었다.

"서른 닢입니다."

"아닙니다." 링이 끼어들었다. "은화 열다섯 닢이 전부였습니다. 맹세할 수 있습니다."

이때 링의 어머니가 조심스럽게 일어났다. 판사는 어머니가 말을 하도록 허락했다.

"판사님, 제 아들은 아직 어립니다. 이 아이가 여러 가지 실수를 저질렀다는 걸 인정합니다. 하지만 제가 분명하게 장담할 수 있는 것은 링은 거짓말을 하지 않는다는 것입니다. 아이가 은화 두 닢을 썼다고 한다면 그건 진실입니다. 그 주머니를 주웠을 당시에 은화 열다섯 닢이 들어 있었다고 말한다면 그것 역시 진실일 것입니다. 판사님, 어쩌면 링이 그 주머니를 줍기 전에 누군가가……."

"알겠습니다. 그 정도면 충분합니다." 판사는 어머니의 말을 가로챘다. "무슨 일이 있었는지를 밝히고 정의를 세우는 건 어머니의 일이 아니라 제 일입니다. 자리에 앉아서 제 판결을 기다리시죠."

"옳소! 옳소! 존경하는 재판장님, 어서 판결을 내려주세요. 저희는 정의를 원합니다." 소송을 제기한 초가 큰 소리로 시끄럽게 굴었다.

판사가 모두를 조용히 시키고 판사보에게 종을 울리게 했다. 판사가 판결을 내린다는 의미였다.

"원고와 피고. 처음에는 매우 혼란스러운 상황으로 보였지만 지금은 모든 것이 분명해졌습니다. 초가 은화 서른 닢이 들어 있는 주머니를 잃어버렸다는 걸 의심할 이유는 없어 보입니다."

원고는 사악한 웃음을 지으면서 링과 그의 어머니를 쳐다보았다.

"그렇지만 링은 은화 열다섯 닢이 들어 있는 주머니를 주웠다는 점을 매우 설득력 있게 말했습니다. 그러니 그의 말 역시 의심할 이유가 없습니다."

잠시 동안 침묵이 재판정을 휩쓸고 지나갔다. 판사는 곧 말을 이었다.

"그러므로 본 법정은 링이 주워서 돌려주려고 했던 돈주머니는 초가 잃어버린 돈주머니가 아니라고 판단했습니다. 그러므로 초가 링의 가족에게 청구할 것은 없습니다. 다만 초가 소를 제기하였으므로 앞으로 은화 서른 닢이 들어 있는 돈주머니를 발견한 사람은 본 법정으로 가져오기를 바랍니다."

판사는 미소를 지으면서 눈물이 그렁이는 링의 눈을 마주보았다.

"그리고 링이 주운 돈주머니는……."

"네, 판사님." 링은 더듬거리며 말했다. "제가 책임져야 할 일이 있다는 걸 알고 있습니다. 실수에 대한 대가를 치르겠습니다."

"정숙하세요! 그 주머니에는 은화 열다섯 닢이 들어 있었다고 하고, 지금까지 그 돈의 임자가 나타나지 않았다는 점을 감안해서 선고합니다." 판사는 초를 한 번 흘겨보고 나서 말했다. "그 돈주머니의 주인이 나타날 것 같지 않으니 그것을 주운 사람의 소유라고 선언합니다. 이제부터 이 돈주머니는 링의 것입니다."

"하지만 판사님……." 초가 말했다.

"판사님……." 링도 뭔가 말하려 했다.

"정숙하세요!" 판사는 명령조로 말했다. "재판 종결! 이제 모두 법정에서 나가시오!"

판사는 자리에서 일어나 재빨리 법정을 떠났다. 판사보는 다시 한
번 종을 울렸다.

진실의 가게
그것 또한 각자의 선택

"뚱보 선생님, 요즘 사람들은 모두가 상담치료를 받아야 한다고
생각하는 것 같아요. 선생님은 동의하지 않겠지만요. 그런데 상담
치료는 어떤 식으로든 도움이 되지 않을까요?"

"그렇죠."

"누구에게나 그렇겠죠?"

"도움을 받고자 하는 사람이라면 유용할 수 있다고 말하는 편이
정확하겠네요."

"누가 상담치료를 마다하겠어요. 안 그래요?"

"앤서니 드멜로 신부님이 들려주신 근사한 이야기가 하나 있는
데요. 지금 우리의 화제에 도움이 될 것 같네요."

한 남자가 지방 도시의 좁은 거리를 배회하고 있었다. 시간이 많았
던 그는 마주치는 모든 가게의 쇼윈도 앞에서 걸음을 멈추고 구경

을 했다. 그러다가 길모퉁이를 돌아서는데 하얀 차양이 드리워진 가게 하나가 눈에 들어왔다. 남자는 차양 아래 유리창가로 가서 어두운 실내를 들여다보았다. 보이는 것이라고는 손으로 적은 것 같은 입간판뿐이었다. 간판에는 '진실의 가게'라고 적혀 있었다.

가게 이름이 묘했다. 하지만 무얼 파는 곳인지는 알 수가 없었다. 호기심을 참지 못한 남자는 가게 안으로 들어갔다.

계산대에 한 여자가 서 있었다.

"실례합니다. 여기가 진실의 가게인가요?"

"네. 그렇습니다. 어떤 진실을 찾으시나요? 부분적 진실, 상대적 진실, 통계적 진실, 총체적 진실이 다 구비되어 있습니다."

진실을 판다고? 정말? 남자는 그런 일이 가능하다고 한 번도 생각해 본 적이 없었다.

"총체적 진실이요." 남자는 앞뒤 생각하지 않고 대뜸 말했다.

남자는 거짓말과 협잡이 지겹다고 생각하고 있었다. 지레짐작이나 변명, 기만과 사기를 더는 원하지 않았다.

"총체적 진실 주세요!" 남자는 다시 한 번 말했다.

"알겠습니다, 손님. 저를 따라 오세요."

여자는 칸막이로 구분되어 있는 안쪽으로 안내했다. "저분이 도와드릴 겁니다." 그곳엔 굳은 표정을 한 남자가 한 명 있었다.

"총체적 진실을 사려고 왔는데요."

"음. 죄송합니다만, 어떤 대가를 치러야 하는지 알고 계십니까?"

"아니요. 얼마죠?" 남자는 반사적으로 물었다. 총체적 진실을 살 수만 있다면 값은 얼마라도 치를 생각이었다.

"총체적 진실을 갖게 되시면 다시는 마음의 평화를 얻지 못하게 됩니다. 그게 지불하셔야 하는 대가입니다."

등골을 따라 냉기가 흘러내렸다. 남자는 그렇게 엄청난 값을 치러야 한다고는 상상하지 못했다.

"감사…… 감사합니다. 이만 실례하겠습니다." 남자는 말을 더듬거리면서 인사하고 뒤로 돌아서 바닥만 바라본 채 걸어서 가게를 나왔다.

남자는 조금 슬펐다. 완벽한 진실을 마주할 준비가 아직 되어 있지 못하다는 사실과 더불어 마음의 평화를 위해서는 약간의 거짓말이 필요하다는 사실을 깨달았기 때문이다. 도피처로 삼을 약간의 동화 같은 판타지와 이상화된 개념들, 그리고 진정한 자신과의 대면을 피하게 해주는 변명들이 필요하다는 것을 알았기 때문이다.

'언젠가는…… 언젠가는 진실을 마주할 수 있게 되겠지.' 남자는 생각했다.

"데미안, 나한테 도움이 된다고 다른 사람에게도 도움이 되는 건 아니에요. 어떤 도움을 받으려면 지나치게 높은 대가를 치러야 하기 때문에 필요 없다고 생각하는 사람도 있을 수 있거든요. 사람마다 각자의 기준으로 값을 치르고 도움 받을 정도를 결정하는 게 옳다고 생각해요. '진실'이든 '도움'이든 받고자 하는 사람이 원할 때 받아야겠죠."

나는 뭐라 말을 해야 할지 알 수 없었다.
호르헤가 덧붙여 말했다.
"아랍 속담에 이런 말이 있다고 해요.

할바 초콜릿 바를 배에서 내리기 위해서는 할바 초콜릿 바를 담을 그릇이 필요하다.

진실과 지식의 문제도 이와 같아요."

질문
암울하고 절망적인 밤

오늘은 처음부터 뭔가 참을 수 없이 기분이 나빴다. 하지만 뭐라고 말해야 할지 알 수가 없었고, 실제로 말을 나누지도 않았다. 차라리 호르헤를 만나지 않는 게 나을 걸 알면서도 그냥 갔던 것 같다. 뚱보 선생도 말하고 싶지 않아서 나를 도와주지 않은 건지도 모른다. 아니면 말하고 싶었지만 그냥 말하지 않았는지도 모르겠다.

우리 상담치료는 침묵 속에서 진행되었다.
숨이 막힐 듯했고,
지루했다.

"어제 내가 뭘 좀 썼어요." 마침내 내가 먼저 말을 꺼냈다.
"네?"
뚱보 선생의 대답이 짧다는 생각이 들었다.

"네."

나 역시 짧게 대답했다.

"그래서요?"

호르헤의 말투가 신경에 거슬렸다.

"제목을 굳이 달자면 '질문'이라고 할 수 있는 글이에요. 하지만 실제로는 질문이 아니에요."

"실제로는 질문이 아닌 그 질문으로 뭘 하려고 하는데요?"

"지금 선생님한테 읽어주려고요. 지난밤에 적었고, 다시 읽어보진 않았어요. 이 질문에 대한 답을 얻어야겠다고 하는 건 아니에요. 그러니까 굳이 답하지 않아도 돼요. 그냥 들어주세요. 질문이라기보다 생각이라고 하는 게 낫겠네요."

"알겠어요." 뚱보 선생은 귀를 기울일 준비를 했다.

그거 어렵죠?

거의 불가능하죠?

그냥 솔직하게 말하면 완전히 불가능한 일이죠?

어떻게 다른 삶을 살 수 있어요?

번민 속에서 산다는 게 무슨 의미가 있나요?

혹시 조금만 더 제정신이고 합리적이라면 지금과 다른 식으로 사는 게 가능할까요?

만약 그렇지 않다면 나는 뭐 하러 이렇게 스스로를 알아보겠다고 고생을 하나요?

나는 이곳에서 무얼 하고 있는 걸까요?

상담치료사가 원하는 건 뭐죠? 고통스러워서 자신을 찾아온 사람들을 더한 혼란 속에 던져 넣는 게 목적인가요?

내가 찾고자 하는 건 뭘까요? 나 자신인가요?

혹시 지금 나는 하나의 괴로움을 다른 종류의 괴로움으로 대체하고 있는 건 아닐까요? 그마저도 다른 모든 사람들과 공유해서 위안을 얻을 수도 없는 그런 별난 괴로움만 겪고 있는 건 아닌가요?

심리치료란 무엇인가요? 선택받은 소수에게만 허락된 좌절감 제조 공장인가요?

세련된 방법으로 최신의 고문 방법을 만들어 내는 새디스트 종파인가요?

날조된 세상에서 아무것도 모른 채 살아가는 축복을 누리는 것보다 현실의 고통을 견디는 게 정말 더 나은 일인가요?

인간은 자신에 대한 실존적 책무가 있는 고독한 존재라는 사실을 완벽하게 깨닫는 일이 다 무슨 소용인가요?

다른 사람에게 아무것도 기대할 수 없다는 사실을 받아들이는 게 도대체 무슨 도움이 되나요?

현실 세계가 정말로 엉망진창이고, 사람들은 다 쓰레기이며, 우리 삶의 진실은 악몽이라는 말이 모두 맞다면, 그 진창을 몸에 묻히고 쓰레기 인간과 어울리면서 치유 받는 게 가능할까요?

종교는 이 세상에서 얻을 수 없는 것을 보상하기 위해서 '저 세상'의 위로를 제공한다고 하던데 그건 불가능한 일 아닌가요?

말만 잘 들으면 우리를 다 돌봐준다는 위대한 신적 존재에게 모든 걸 맡긴다는 게 가능한가요?

나 자신의 모습에 충실하게 사는 것보다 남들 말 들으면서 맞춰가며 사는 게 더 쉽지 않나요?

모든 사람들이 동의하는 선악 개념을 받아들이는 편이 더 편리하고 간단하지 않나요?

아니면 최소한 그 독특한 선악 개념에 대한 맹목적인 신념을 가지고 있는 것처럼 행동하는 게 어때요?

마법사나 요술쟁이, 요정이 지팡이를 휘둘러서 우리를 치유해 준다는 게 차라리 낫지 않을까요?

인간 두뇌에 무한한 힘이 있다고 믿는 사람들이 생각만으로 외부의 사건들과 상황을 통제할 수 있다고 생각하는 게 혹시 맞는 말 아니에요?

혹시 나 이외의 것은 모두 없는 건 아닐까요? 나의 생활도 그저 작은 악몽에 지나지 않은 거고, 사람들이나 사건들도 나의 상상력이 만들어 낸 산물인 것은 아닐까요?

우리가 사는 세상만이 진짜로 존재한다고 정말로 믿는 사람이 어디 있나요?

정말 그렇다면 그런 가능성에 대해 더 잘 알아보는 게 다 무슨 소용이 있죠?

다른 사람이 나를 꼭 이해해야만 할 의무가 어디 있어요?

다른 사람이 내 말에 귀 기울여 들어야 할 의무가 어디 있어요?

다른 사람이 나를 인정해 주어야 할 의무가 어디 있어요?

다른 사람이 나에게 거짓말을 하지 않아야 할 의무가 어디 있어요?

다른 사람이 나를 배려하고 생각해야 할 의무가 어디 있어요?

다른 사람이 내가 원하는 대로 나를 사랑해줘야 할 의무가 어디 있어요?

다른 사람이 나를 조금이라도 사랑해줘야 할 의무가 어디 있어요?

다른 사람이 나를 존중해줘야 할 의무가 어디 있어요?

다른 사람이 내가 존재한다는 걸 알아줘야 할 의무가 어디 있어요?

만약 내가 존재한다는 걸 아무도 모른다면, 애초에 내가 존재해야 하는 이유는 뭐죠?

배우자가 없는 내 존재는 의미가 없다면, 어째서 나는 누군가와 만나기 위해서 뭔가를 희생하려 하지 않을까요?

탄생에서 죽음에 이르는 길이 외롭고 고독하다면 어째서 우리는 그 길을 함께 갈 동반자를 찾을 수 있는 척 자기기만을 하는 걸까요?

뚱보 선생은 헛기침을 하며 목소리를 가다듬고 말했다.

"어제 엄청난 밤을 보냈던 모양이에요."

"네. 암울하고 절망적인 밤이었어요."

나의 뚱보 선생은 두 팔을 뻗어서 나에게 가까이 다가오라는 몸짓을 했다. 내가 가까이 다가가자 호르헤는 어린아이를 안듯 나를 꼭 껴안아 주었다.

나는 뚱보 선생의 사랑을 느끼면서 가만히 있었다. 그렇게 우리의 상담 시간은 마무리되어갔다.

대추야자 숲
내가 받게 될 보상

"저한테 가르쳐주신 모든 건 진실인 것 같아요. 물론 나도 정말 그렇게 살 수 있다고 믿고 싶어요. 하지만 선생님이 말하는 삶의 방식은 아름다운 이론임에도 불구하고 현실에 적용하기는 불가능한 것 같아요."

"나는 그렇게 생각하지 않아요."

"물론 그렇게 생각하지 않으시겠죠. 다른 사람과는 달리 그런 식으로 사는 게 선생님에게는 쉬우니까요. 주변 환경을 다 이런 식으로 살 수 있도록 마련해 놓았으니 간단한 일일 거예요. 하지만 저나 다른 모든 사람들은 평범하게 다람쥐 쳇바퀴를 돌리며 살아가요. 그러니 선생님의 방식을 경험하기 위해 필요한 모든 것을 갖출 수는 없죠."

"데미안, 그렇지 않아요. 나 역시 데미안이 살고 있는 현실에 속해 있어요. 나 역시 다른 모든 사람들처럼 다람쥐 쳇바퀴를 돌리는 삶을 살아요. 물론 대다수 사람들보다는 조금 더 나은 삶을 누리는 건 사실이에요. 하지만 두 가지는 분명히 짚고 넘어가야 할 것 같네요.

우선 나의 모든 생활 여건이 거저 생겨난 게 아니라는 점이에요. 데미안이 말한 나의 '주변 환경'을 구축하는 데는 많은 에너지와 헌신, 고통이 필요했고, 많은 대가를 치르기도 했어요.

두 번째는 모든 건 하나의 과정이에요. 내가 지키고자 하는 것이 무너지지 않게 하면서도 바꿔야 할 것을 바꾸는 일은 오랜 시간이 걸리는 일입니다. 내가 가야만 하는 길을 걷는 건 단기간에 이룰 수 있는 일이 아니에요. 저절로 이루어지지도 않고, 하룻밤에 뚝딱 끝낼 수 있는 일도 아니라는 말이죠."

"무슨 말인지 짐작은 가요. 하지만 선생님은 그 길의 끝에 지금 받는 보상이 있다는 걸 알고 있었잖아요."

"그렇지 않아요. 데미안이 섣불리 예단한 거예요. 나는 끝에 이런 보상을 얻게 되리라고 확신하지 못했어요. 사실 인생의 길을 걸어온 내내 그랬고, 지금도 그래요. 어떤 결과를 얻게 될지 전혀 모르지만 내 인생을 건 도박을 한 거랑 같아요. 그리고 최종 결과는 아직도 모르는 거예요."

"아직 모른다니요?"

"데미안, 내게는 아직도 할 일이 많아요. 게다가 살아가면서 모든 것을 다 이룰 수 있다고 생각하지 않아요. 아무리 오래 살아도 말이죠. 그러니까 삶이란 전혀 예상할 수 없는 일을 겪어가는 것이라 인정하고 그런 상황을 수용하는 마음으로 즐기려는 것뿐이에요."

"선생님도 완벽하게 좋은 결과가 오리라는 확신이 없었음에도 불구하고 이 모든 일을 해왔다고 지금 말하는 건가요?"

"그럼요."

"그렇다면 제정신이 아닌 거죠."

"맞아요. 하지만 다행스럽게도 나는 이야기를 하는 미치광이예요. 그 미치광이가 이야기를 하나 해준대요."

세상에서 가장 광대한 사막으로 손꼽히는 곳에 사람들이 쉽게 찾을 수 없는 오아시스가 하나 있었다. 그곳에는 아름다운 대추야자 숲도 있었다.

어느 날 부유한 상인인 하킴이 오아시스에 들러서 낙타에게 물을 먹이다가 자신의 이웃인 엘리아후가 땀을 흘리며 모래를 파고 있는 모습을 보게 되었다.

"어르신, 잘 계시죠? 늘 평안하시길 빕니다."

"자네도 평안하게." 엘리아후는 대답을 하고 하던 일을 계속했다.

"이 더위에 삽을 들고 거기서 뭘 하십니까?"

"나무를 심고 있네."

"무슨 나무를 심으세요?"

"대추야자." 엘리아후는 주변에 숲을 이루고 있는 대추야자 나무를 가리키면서 말했다.

"대추야자라고요?" 상인은 딱하다는 얼굴로 고개를 흔들었다. 세상에서 가장 어리석은 말을 들은 사람 같은 표정이었다.

"어르신, 뜨거운 볕을 많이 쐬셔서 머리가 어떻게 되신 게 아닌가 싶은데요. 하던 일을 그만 멈추시고 저랑 가서 한잔 하시죠."

"아니야. 마저 심어야지. 나무를 다 심은 다음에 같이 가서 한잔 하세."

"어르신, 지금 연세가 어떻게 되시죠?"

"잘 모르겠는데. 예순인가? 일흔인가? 여든? 모르겠네. 기억이 안 나. 하지만 그게 뭐 대수인가?"

"대추야자나무가 충분히 자라서 열매를 맺으려면 족히 50년은 걸리거든요. 어르신이 어디 편찮으실 거라는 방정맞은 이야기를 할 생각은 없습니다. 어르신은 분명 백수를 누리실 겁니다. 그렇다고 해도 지금 심는 나무에서 열매를 따게 될 가능성은 없는 겁니다. 그러니 그냥 내버려 두고 저랑 같이 가시죠."

"하킴, 나는 누군가가 심은 대추야자의 열매를 지금껏 먹어 왔네. 그 누군가도 그 나무의 열매를 정작 자신은 못 먹을 거라는 걸 알고 있었을 거야. 오늘 내가 나무를 심는 건 내일 누군가가 이 나무에서 열매를 따먹으라고 하는 일이라네. 이 나무의 열매를 먹게 될 낯선 사람이 모든 이득을 다 취한다고 해도 내가 이 일을 하는 게 무가치한 건 아니지."

"어르신께서 제게 큰 가르침을 주셨네요. 그 가르침에 대한 대가로

이 돈주머니를 받아 주십시오."

하킴은 노인의 손에 돈주머니 하나를 쥐어 주었다.

"돈은 고맙게 받겠네. 고맙네. 꼭 일이 이렇게 되더라고. 이거 보게. 자네는 내가 심는 대추야자나무에서 열매를 따지 못하니 다 소용 없는 일이 될 거라고 했지? 그런데 이걸 보게. 나는 아직 나무를 다 심지도 않았는데 벌써 돈주머니 하나를 얻었고, 친구에게 감사 인 사까지 받았잖나."

"어르신의 지혜에 놀랄 뿐입니다. 이건 오늘 두 번째로 배운 가르 침입니다. 이것이 첫 번째 가르침보다 더 중요한 것 같습니다. 이 번 가르침에 대한 대가도 치르게 해주십시오. 여기 돈주머니 하나 를 더 드리겠습니다."

"이런 일이 자꾸 생긴단 말일세." 엘리아후는 손에 들린 두 개의 돈 주머니를 보면서 말했다. "나는 아무것도 바라지 않고 나무를 심었 는데 그 일을 채 끝내기도 전에 한 번도 아니고 두 번이나 이렇게 이득을 보게 되었다니까."

"이제 그만하십시오, 어르신. 자꾸 그런 가르침을 주시면 제 전 재 산을 다 드려야 할 것 같으니까요."

"데미안, 알겠어요?"

"알고말고요. 아주 잘 이해가 되었습니다."

자기혐오
모르는 새 받은 감정

상담이 끝날 무렵, 뚱보 선생이 내게 밀봉한 봉투 하나를 내밀었다.

"데미안 거예요."

"이게 뭔데요?"

"가져가요. 몇 달 전에 데미안 주려고 쓴 거예요."

"몇 달 전에요?"

"그래요. 솔직히 말하면 데미안을 만나고 얼마 안 되어서 쓴 건데 이제야 주네요. 레오 부스라는 시인이 쓴 시를 하나 읽었거든요. 그 시를 읽으면서 자꾸 데미안이 생각났어요. 처음 상담을 했을 때 데미안이 했던 인상적인 말도 생각이 났고요. 그래서 그 시를 응용해서 글을 써봤어요."

"그런데 왜 이제야 주는 거예요?"

"이제는 이 글을 데미안이 이해할 수 있을 것 같아서요."

〈자기혐오〉

나는 이미 네 안에 존재했다.

네 어머니가 부끄러움 속에서 분출한 아드레날린 안에도

네가 두 세포의 만남으로 접합자가 되던 순간에도

어머니의 자궁 안에서 부유하던 중에도

너는 나를 느낄 수 있었을 것이다.

나는 너를 찾아갔다.

네가 세상에 첫 말을 뱉어보기도 전에

다른 사람이 하는 말을 이해하기도 전에

나는 그곳에 있었다.

네가 어색한 첫 번째 발걸음을 떼던 순간에

모든 사람들이 너를 쳐다보고 있을 때

그들이 너를 비웃던 그때에.

무방비로 노출되어 어쩔 줄 모르던 순간에도

너무나 연약해서 도움이 절실하던 순간에도.

나는 네 삶에 나타났다.

마치 마법처럼.

주문과 미신으로

주물과 부적으로.

예의범절과 관례와 전통과 함께

너의 선생님과 형제자매와 친구들과 함께.

네가 알기도 전에 나는 존재했다.

나는 네 영혼을 빛과 어둠의 세계로 나눴다.

옳고 그름의 세상에

던져 버렸다.

나는 너의 수치심을 불러 일으켰다.

네 안에 있는 모든 결점과 부족한 점을 끄집어냈다,

그 모든 추하고

어리석고

불쾌한 것들을.

그리고 나는 너에게 '다르다'고 딱지를 붙였다.

내가 처음 네 귓가에 속삭인 말은

"네 안의 무언가가 잘못되었어."

나는 인식 이전에

죄책감 이전에

도덕성 이전에

시간이 시작되기도 전에 존재했다.

아담이 벌거벗었다는 사실을 알게 된 후

수치심을 느끼고

자신의 몸을 가려야 한다고 느꼈던 그때 이후로

계속 이곳에 있었다.

나는 초대받지 못한 손님이다.

환영받지 못하는 방문객이다.

하지만 나는 가장 먼저 도착했고

가장 늦게 떠날 것이다.

시간이 지나면 나는 점점 강력해진다.

네 부모가 들려주는 조언을 들으며

이 세상에서 승리하는 방법에 대한 이야기를 들으며.

네 종교의 교리를 따르라.

그들이 네가 해야 할 것과 하지 말아야 할 것을 알려줄 것이다.

그래야만 신이 너를 안아줄 것이다.

학교 친구들의 잔인한 장난에 괴롭힘을 당하라.

너보다 뛰어난 사람에게 굴욕을 당하고

거울에 비친 볼품없는 자기 모습을 한참 바라보다가

텔레비전에서 보게 되는

스타와 비교해 보라.

그러면 나는 마침내

강력해진다.

여자라는 이유만으로도

흑인이라는 이유만으로도

유대인이라는 이유만으로도

동성애자라는 이유만으로도

아시아인이라는 이유만으로도

장애가 있다는 이유만으로도

키가 크거나 작거나 뚱뚱하다는 이유만으로도

나는 너를 바꿔버릴 수 있다.

아무 쓸모없는 부스러기 한 무더기로

인간쓰레기로

희생양으로

비난받아야 할 사람으로

한심하기 짝이 없는

저급한 일회용 물건으로.

남녀를 불문하고 세대가 바뀌어도

나는 그대로 떠받들어진다.

너는 나에게서 벗어날 수 없다.

내가 불러일으키는 슬픔은 견디기 어려울 것이다.

커다란 슬픔을 견디기 위해서

너는 나를 너의 자녀들에게 전달해야 한다.

그래야 그 자녀가 그들의 자녀에게 다시 전할 수 있다.

그렇게 나는 불멸한다.

너와 너의 자녀들을 돕기 위해서

나는 완벽주의로 위장한다.

그리고

높은 이상으로

자기비하로

애국심으로

도덕성으로

미풍양속으로

자제력으로

위장한다.

내가 불러일으키는 슬픔은 너무나 강렬할 것이다.

그래서 나를 부인하려 노력할 것이다.

그렇게 하기 위해서

나를 숨기려 할 것이다.

또 원래 자기가 아닌 다른 사람이 되려고 할 것이다.

마약을 하고

돈에 집착하고

신경증을 겪고

문란하게 굴 것이다.

하지만 무엇을 하든

어디로 가든

나는 그곳에 있을 것이다.

나는 언제나 너와 함께다.

낮이나 밤이나

지치지 않고 꾸준히

끝없이 영원히.

나는 가장 큰 이유다.

의존하게 되는

집착하게 되는

애쓰게 되는

부도덕하게 되는

두려워하게 되는

폭력을 저지르게 되는

범죄를 저지르게 되는

정신 이상이 되는.

나는 너에게 거부당하는 것에 대한 두려움을 가르쳤다.

그리고 네가 그 두려움에 지배당하도록 길들였다.

너는 나를 필요로 한다.

사람들이 원하는, 인기 있고

박수갈채를 받으며 매력적이고 친근한 얼굴을

모든 사람에게 보여주기 위해.

너는 나에게 의지한다.

내가 숨겨줄 것이기 때문이다.

가장 불쾌한 것들과

가장 터무니없이 우스꽝스러운 것들과

가장 바람직하지 않은 자신의 모습을.

너는 감사해야 한다

삶이 허락한 것만을 가지고

그저 살아가야 함을 가르쳐준 내게.

왜냐하면 내가 그렇게 가르쳐 주었기 때문에

네가 경험하게 될 모든 것들이

네가 바랐던 것보다 과분하다고 느낄 것이기 때문이다.

데미안, 알겠나요?

바로 자기혐오감이에요.

스스로에게 품고 있는 자기혐오의 감정이요.

이런 감정들이 찾아올 때면,

우리가 나눈 이야기들을 기억해주세요.

　　그 우울한 날에, 모든 것이 시작되었다.

　　"나는 나!"라는 당당한 주장을 멈추던 날.

　　너는 두려움과 자의식으로 고개를 떨구었고

　　모든 말과 행동을 바꾸었다.

　　"나는 그들이 원하는 내가 되고 싶어."

　"맞아요." 나는 뚱보 선생의 의견에 동의했다. "이걸 그때 줬다면 저는 이해하지 못했을 거예요."

　"이걸 지금 주는 또 다른 이유는 이 진료실에 찾아오는 시간이 끝나기 전에 주고 싶었기 때문에요."

　"지금 나를 쫓아내는 건가요?" 나는 투정부리듯 말했다.

　처음으로 호르헤가 주저하는 모습을 보였다.

　"그런 것 같아요." 호르헤가 나직하게 말했다.

뚱보 선생은 윙크를 하고 미소를 지은 다음에 내 한쪽 뺨을 어루
만졌다.

"데미안, 많이 사랑해요."

"뚱보 선생님, 저도 많이 사랑해요."

나는 다른 말을 하지 않고 자리에서 일어났다.

호르헤에게 다가가 한참 동안 포옹했다.

나는 진료실을 나왔다.

왜인지 정확히 알 수는 없었지만

바로 그날 오후에 내 삶이 시작된다는 느낌이 들었다.

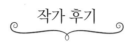

휴, 이제 끝났다.

지난 몇 달 동안 나는 사랑하는 사람들에게 들려줬던 이야기 중 몇 개를 독자 여러분과 공유하려고 노력했다.

내가 어두운 골목길을 걸어갈 때 빛이 되어준 이야기도 있고, 지혜를 구하기 위해 현명한 사람들에게 찾아가서 들은 이야기도 있다.

기본적으로 재미있고, 생각할수록 많은 것을 얻게 되는 이야기를 중심으로 골랐다.

이 책이 이야기책을 표방하고 있으니 작가의 후기 역시 이야기가 되어야 할 것이다. 페레츠의 '숨겨진 다이아몬드' 이야기다.

머나먼 어느 나라에 농부 한 명이 살고 있었다.

농부는 작은 농지에 곡물을 키우고 더 작은 안뜰에는 나무를 키웠다. 그의 아내는 안뜰의 틈새에 채소를 키워 살림에 보탰다. 부부는 정말 열심히 일했다.

어느 날, 농부는 온 힘을 다해 쟁기를 끌며 땅을 갈아엎다가 흙더미 사이에서 유난히 반짝거리는 것을 발견했다. 미심쩍은 얼굴로 그 물건을 집어 들었다. 언뜻 커다란 유리 덩어리 같았다. 하지만 태양빛을 비추는 모양이 예사롭지 않았다. 농부는 다이아몬드를 본 적이 없었지만 이게 바로 그 다이아몬드라는 것을 대번에 알 수 있었다. 크기로 봐서 믿을 수 없을 정도로 값비싼 보석임이 분명했다.

잠깐 동안 농부는 이 다이아몬드를 팔아서 할 수 있는 일들을 다 꿈꿔보았다. 하지만 다음 순간 이 다이아몬드는 하늘에서 보내주신 것이니 잘 보관하고 있다가 비상시에 사용해야 한다는 생각이 들었다.

농부는 일을 마치고 다이아몬드를 가지고 집으로 돌아갔다. 집에 놔두는 건 아무래도 염려스러웠던 농부는 밤이 되자 안뜰로 나와 토마토를 심어놓은 한가운데에 구덩이를 파고 그 안에 눈부시게 빛나는 보석을 묻었다. 다이아몬드를 묻어둔 장소를 잊어버리지 않기 위해서 노란색 돌을 그 위에 올려 두었다.

다음 날 아침 농부는 아내를 불러서 그 노란색 돌을 가리키면서 절대로 저 자리에서 옮기면 안 된다고 일러두었다. 아내는 그 이상한 돌이 자신이 심은 토마토들 가운데 놓여 있어야 하는 이유를 물었다. 농부는 아내가 괜한 걱정을 할까봐 진실을 말하지 않기로 했다. 대신에 이렇게 말했다.

"이건 매우 특별한 돌이라오. 여기 이 자리에 토마토랑 같이 놓아 두면 우리한테 행운이 올 거요."

아내는 남편이 하는 말을 들어주었다. 노란 돌은 놔두고 토마토가 잘 자라도록 가꾸는 일에만 집중했다.

부부에게는 딸 하나와 아들 하나가 있었다. 어느 날, 열 살이 된 딸아이가 엄마에게 정원에 있는 노란 돌에 대해 물었다.

"그 돌이 행운을 가져다준단다." 엄마는 딸에게 말했다. 딸아이는 순순히 그 말을 믿었다.

어느 날 아침, 딸아이는 학교에 가기 전에 토마토 밭으로 가서 노란색 돌을 손으로 만졌다. 그날 매우 어려운 시험을 봐야 했기 때문이었다.

우연의 일치였는지 아니면 돌을 만진 덕에 자신감을 갖게 되어서였는지 알 수 없지만 딸은 시험을 매우 잘 봤다. 그래서 그 돌의 '힘'에 대해 확신하게 되었다.

그날 오후 딸은 집으로 돌아오면서 또 다른 노란색 돌을 주워 와서 그 노란색 돌 옆에 놓았다.

"그게 뭐니?" 엄마가 물었다.

"돌 한 개가 행운을 가져다준다면, 돌이 두 개가 되면 행운도 더 많이 올 거 아니에요." 딸의 주장은 반박의 여지없이 논리적이었다.

그날부터 딸은 매일 노란색 돌을 주워서 정원에 가져다 놓았다. 마치 비밀 게임이라도 되는 양 얼마 지나지 않아 엄마도 가세했다.

그리고 딸이 가져다 놓은 돌 옆에 자신이 주워온 돌을 쌓아 올리기 시작했다.

막내아들은 돌의 전설을 삶의 일부로 받아들이면서 자랐다. 그리고 노란색 돌을 가끔씩 쌓아 올리라고 배웠다.

그러던 어느 날, 아들은 초록색 돌을 가지고 와서 돌무더기에 올려놓았다.

"그게 무슨 짓이니?" 어머니가 아들을 나무랐다.

"초록색이 섞이면 돌무더기가 더 예뻐질 거라고 생각했어요." 아들이 설명했다.

"그렇지 않단다, 아들아. 어서 그 돌을 빼내렴."

"하지만 왜 초록색 돌을 놓으면 안 돼요?" 아들은 알고 싶었다.

"왜냐하면……." 엄마는 말을 잇지 못했다. 왜 노란색 돌이 행운을 가져다주는지 몰랐다. 그저 남편이 그런 돌이 토마토랑 같이 있으면 행운을 가져다준다고 했던 것만 기억하고 있었다.

"왜요, 엄마? 왜 안돼요?"

"그건…… 노란색 돌만 있어야 행운이 오거든. 주변에 다른 색 돌은 없어야 해." 엄마는 그럴 듯한 이유를 만들어 냈다.

"그럴 리가." 아들은 이의를 제기했다. "다른 돌이랑 같이 있다고 해서 행운을 못 불러올 이유가 뭐란 말이에요?"

"왜냐면, 음…… 그건, 행운의 돌은 질투가 많아서 그래."

"질투요?" 어린 아들은 어이없다는 듯 웃으면서 되풀이해 말했다.

"질투하는 돌이라니. 말이 안 되잖아요!"

"사실 엄마도 잘 몰라. 궁금하면 아버지한테 물어보렴." 엄마는 그렇게 말하고 초록색 돌을 치운 다음에 원래 하던 일을 마저 하러 갔다.

그날 밤, 아들은 아버지가 밭에서 돌아오기를 늦게까지 기다렸다.

"아빠, 왜 노란색 돌이 행운을 가져다줘요?" 아들은 아버지가 집에 들어서자마자 물었다. "초록색 돌은 왜 안 되는 거예요? 그리고 초록색 돌이 곁에 있으면 노란색 돌이 행운을 덜 가져다주는 건 왜 그래요? 그리고 그 돌들은 꼭 토마토랑 같이 있어야만 행운을 가져다주는 거예요?"

아들은 답변이 돌아오지 않으면 그날 밤 내내 질문을 쏟아낼 기세였다. 아버지가 한 손을 들어서 아들의 입을 막았다.

"아들아, 내일 같이 밭에 나가자. 그러면 네 모든 질문에 대한 답을 해줄게."

"왜 내일까지 기다려야 해요?" 아들은 다시 질문을 시작했다.

"내일 이야기하자, 아들아. 내일." 아버지는 아들의 말을 가로막았다.

다음 날 새벽이 되었다. 다른 집안사람들은 여전히 잠을 자고 있는 아주 이른 시각에 아버지는 아들을 조용히 깨워서 밭으로 데리고 나왔다.

"오늘 보니까 우리 아들이 다 컸구나. 이렇게 의젓하니까 비밀을 지킬 수도 있을 것 같고."

"무슨 비밀인데요, 아빠?"

"지금부터 이야기해 주마. 토마토 옆에 있는 돌에는 어떤 효험도 없단다. 단지 표시를 위해 올린 거지. 그 돌무더기 아래에는 아주 값비싼 다이아몬드가 묻혀 있어. 우리 가족의 보물이지. 하지만 다른 사람에게는 이 사실을 알리고 싶지 않구나. 괜히 불편하게 될 것 같아서 말이다. 오늘부터는 너도 이 비밀을 알게 되었으니 이제 우리 가족의 비밀은 너의 책임이다. 나중에 네가 아이를 낳게 되면 그중에 한 명에게 이 비밀을 전해주렴. 비밀을 전해줄 때는 집에서 멀리 떨어진 곳에서 몰래 말하렴. 오늘 아버지가 한 것처럼 말이다." 농부 아버지는 아들의 뺨에 키스하고 말을 계속 이어갔다.

"비밀을 지킨다는 건 누군가에게 말해야 하는 적절한 때를 알아야 한다는 의미이기도 하단다. 비밀을 전해줄 사람은 충분한 자격을 갖춘 사람이어야 한다. 그런 사람을 찾기 전까지는 가족의 다른 사람들이 돌에 대해서 뭐라고 말하건 신경 쓰지 말거라. 노란색 돌이든 초록색 돌이든 다 괜찮다."

"아버지, 저를 믿으세요." 아들은 허리를 꼿꼿이 펴면서 말했다.

그리고 몇 년의 시간이 지났다. 농부는 노환으로 세상을 떠났다. 어린 아들은 어엿한 성인으로 성장했다. 아들에게도 아이가 있었다. 그리고 그 아이들 중에 단 한 명만이 다이아몬드의 비밀을 알게 되었다. 다른 사람들은 모두 노란색 돌이 행운을 가져온다고만 생각했다.

그렇게 세월은 흘러갔다. 세대를 지나면서 그 가문의 사람들은 모두 정원에 돌을 쌓아 올렸다. 이제는 노란색 돌이 거대한 산을 이루게 되었다. 가족은 그 거대한 돌산을 효험이 확실한 부적처럼 여겼다.

각 세대마다 선택받은 단 한 명만이 다이아몬드의 진실에 대해 전해 들었다. 다른 가족들은 그저 돌무더기를 숭배했다.

그러던 어느 날, 다이아몬드의 비밀이 사라져버렸다.

비밀을 알고 있던 아버지가 예상치 못하게 일찍 죽었거나 비밀을 전해 들은 아들이 그 말을 믿지 않았던 것 같다. 이유는 정확히 파악할 수 없지만 어찌되었든 그 이후 돌의 효험을 믿는 사람들과 그 오래된 전통에 의구심을 갖는 사람들이 있었다. 하지만 아무도 그 돌 아래 숨겨 놓은 보석을 기억하지는 못했다.

지금까지 이 책에서 읽은 이야기는
돌 몇 개에 불과하다.
녹색 돌.
노란 돌.
붉은 돌.
이 이야기들을
글로 적어 놓은 건

길이나 장소를 표시하기 위함이다.

모든 이야기의 심오함을 탐구하고,
숨겨진 다이아몬드를 찾는 것은
독자 여러분의 몫이다.

호르헤 부카이

이야기해줄까요

초판 1쇄 발행 | 2017년 5월 9일
초판 2쇄 발행 | 2018년 1월 23일

지은이 | 호르헤 부카이
옮긴이 | 김지현
펴낸이 | 이승민

펴낸곳 | 도서출판 천문장
전화 | 031-913-0650
이메일 | 1000sentences@gmail.com

ISBN 979-11-960239-0-4 03180

- 값은 뒤표지에 있습니다.
- 파본은 구입하신 서점에서 교환해드립니다.